Australia

Living & Eating

Australia
Living & Eating

von Natural Harry

Australische Küche
für ein natürliches Leben

Harriet Birrell

Fotografien von Nikole Ramsay

Aus dem Englischen übersetzt von Ursula Rasch

Jan Thorbecke Verlag

INHALT

Einleitung

Die Idee zu diesem Buch entstand bei einem köstlichen warmen Frühstück, während ich am Strand der Fortescue Bay campierte. Dabei umfing mich die wilde Küste von Tasmanien. Unser vierwöchiges Abenteuer zwang uns, beim Essen auf wirkliche Basics zurückzugreifen. Frase und ich hatten nicht mehr als einen kleinen Kocher, ein Messer und ein Schneidebrett. Wir kochten köstlich einfache Gerichte an unglaublich tollen Orten, umgeben von unberührter Natur. Dazwischen waren wir äußerst aktiv und genossen das Wandern, Surfen und Mountainbiken. Und aus diesem ursprünglichen Kochen in der Wildnis von Tasmanien wurde die Idee für dieses Kochbuch geboren.

Dieses Buch enthält eine persönliche Auswahl von Rezepten, die auf dieser Reise entstanden sind, aber auch Lieblingsgerichte, die ich zuhause regelmäßig koche. Meine Rezepte sind weder kompliziert und aufwendig noch etwas für Feinschmecker. Dafür sind sie bodenständig, lecker und sättigend, mit einem modernen Twist. Es geht mir darum, die ganze Bandbreite an möglichst natürlichen Nahrungsmitteln abzubilden und auf eine Weise zuzubereiten, die einfach, sättigend und vor allem lecker ist. So ersetze ich zum Beispiel raffinierte Öle durch Avocado- oder Kokosöl mit ungesättigten Fettsäuren. Statt weißem Kristallzucker verwende ich Datteln, Bananen oder Ahornsirup, die reich an Vitaminen und Mineralstoffen sind. An Stelle von Weizenmehl kommt ballaststoffreiches Vollkornmehl zum Einsatz. Nur wenige Rezepte enthalten Gluten, in diesen Fällen gebe ich Tipps für glutenfreie Alternativen.

Mein erstes Buch „Natural Harry" bestand aus einer Sammlung von sommerlichen Rezepten aus unserem eigenen kleinen Straßenimbiss. Drei Sommer lang verkauften wir gesunde Leckereien und Smoothies von dem hölzernen Wagen aus, den Frase und ich selbst zusammengebaut hatten. Während dieser Zeit hatten die Leute oft nach meinen Rezepten gefragt. In diesem Buch gab ich also all meine Geheimnisse preis, wie ich in diesen Jahren meine leckeren, einfachen, veganen Smoothies und Desserts gezaubert hatte. Wir wussten immer, dass unser kleiner Stand nicht für die Ewigkeit gemacht war, daher wollte ich unserem „Natural-Harry-Caravan" mit diesem Buch ein Denkmal setzen.

Und es hat funktioniert! Ich bin immer noch überwältigt, wie viele Fans „Natural Harry" gewonnen hat, und es macht mir großen Spaß zu beobachten, wie meine Rezepte variiert und immer wieder aufs Neue genossen werden.

Der Zusammenhang zwischen Nahrung und persönlichem Wohlbefinden hat mich schon immer interessiert. Mein Zugang zu diesem Thema hat sich im Laufe der Zeit noch weiterentwickelt, und meine Begeisterung für Vollwertkost und einfaches Leben ist weiter gewachsen. Dabei ist meine Philosophie ganz simpel:

„Esst vollwertig und möglichst natürlich und passt auf euch auf. Aber übertreibt es auch nicht!"

Auf diesen Seiten finden sich noch mehr Rezepte für entspannte Abendessen unter der Woche wie zum Beispiel Lasagne, Fleischbällchen, Nachos und Pasta mit Pesto. Außerdem habe ich meine absoluten Lieblinge aus den Bereichen herzhafte Salate, nahrhafte Bowls, Gerichte zum Teilen und köstliche Frühstücksideen mit aufgenommen. Und ohne Süßspeisen wäre es kein Buch von „Natural Harry"!

So viele unvergessliche Momente und Begegnungen finden im Zusammenhang mit Essen statt. Dank den großartigen Fotos von Nicole und der Unterstützung meiner Familie und Freunde konnte ich dieses Buch realisieren. Dabei hatte ich immer auch die „Natural-Harry"-Community im Hinterkopf. Ich wünsche mir, dass das Buch einen festen Platz auf eurer Küchenbank findet und dass es mit der Zeit liebevoll zerfleddert wird und beim Kochen von köstlichen Mahlzeiten ab und zu einen Spritzer abbekommt. Außerdem hoffe ich, dass es euch die Art von Essen bietet, auf die man 90 Prozent der Zeit Lust hat: echte, vollwertige, nahrhafte, gesunde Mahlzeiten. Einfach Essen für die Seele.

Harry x

Tipps

Zutaten

Die Zutaten für diese Rezepte sind in Lebensmittelläden, Bioläden, Supermärkten, auf Bauernmärkten und im eigenen Gemüsebeet erhältlich. Es gibt außerdem eine Handvoll Zutaten, die ich immer im Haus habe und die meiner Meinung nach für die pflanzliche Küche entscheidend sind. Weitere Infos dazu gibt es in dem Kapitel „Die pflanzliche Speisekammer", Seite 281. Sie sind außerdem in den Rezepten mit einem * gekennzeichnet.

Zubehör

Es gibt ein paar Küchengeräte, die ich sehr hilfreich finde, um bestmögliche Ergebnisse zu erzielen. Ich empfehle einen Küchenhobel und einen Spiralschneider. Beide sind nicht teuer, aber sehr praktisch, wenn es darum geht, Gemüse fein zu schneiden oder in perfekte Nudeln zu verwandeln, mit denen man viele Gerichte aufhübschen kann.

Eine ordentliche Küchenmaschine wird die Zubereitung vieler Gerichte ebenfalls leichter machen. Ich empfehle, in einen Mixer von guter Qualität und hoher Geschwindigkeit zu investieren. Ich werde immer wieder gefragt, wie ich es schaffe, dass Saucen, „Käse", Smoothies und „Käsekuchen" so glatt werden. Die Wahrheit ist: Es liegt an der Qualität und Leistungsfähigkeit des Mixers.

Wenn man raffinierte Öle vermeiden will, ist es ratsam, sich eine hochwertige, chemiefreie, antihaftbeschichtete Pfanne zu leisten. Außerdem lässt sich diese viel leichter reinigen.

Unverpackt einkaufen

Bioläden, in denen Nahrungsmittel unverpackt angeboten werden, setzen sich immer mehr durch. Dort kann man perfekt seine Vorräte auffüllen. Man bringt leere Gläser und Behälter mit und füllt sie mit Grundnahrungsmitteln. Auf diese Weise vermeidet man all den unnötigen Verpackungsmüll. Ein klarer Vorteil für die Umwelt, die eigene Gesundheit und das Bankkonto.

Zubereitung

Es geht hier nicht darum, stundenlang irgendwelche Mahlzeiten zuzubereiten. Am einfachsten ist es, zu Wochenbeginn eine große Portion Miso-Hummus (Seite 266) oder ein Glas Cashew-„Parmesan" (Seite 272) zuzubereiten. Damit kann man eine ganze Menge an Gerichten würziger machen und dann Zeit sparen. Außerdem habe ich gerne viel frisches Obst – je nach Saison – im Haus. Dabei sind mir Bananen besonders wichtig. Ich schäle sie und friere sie ein, so habe ich immer frisches Obst für einen Smoothie zur Hand.

Vorratshaltung

Ich habe gerne all die Grundnahrungsmittel vorrätig, die länger haltbar sind. Auf diese Weise hat man die meisten Zutaten für meine Rezepte zur Hand. Das sind zum Beispiel:

- Nüsse, Kerne & Gewürze
- Kichererbsen & Bohnen
- fermentiertes Gemüse
- Tomaten in der Dose
- Kokosmilch und -creme
- Reis, Haferflocken & Quinoa
- Nudeln aus Mungbohnen
- Saucen & Würzmittel
- Tahini
- Ahornsirup

Abfall vermeiden

Hier in Australien landet jedes Jahr eine erschreckende Menge an Lebensmitteln im Abfall. Obst- und Gemüseabfall lässt sich wunderbar kompostieren, um nährstoffreichen Dünger für den Garten zu gewinnen. Außerdem gibt es verschiedene Möglichkeiten, Abfall zu vermeiden. Wenn Gemüse nicht mehr frisch genug für einen Salat ist, dann schneide ich es in Stücke, vermische es mit Kräutern, Gewürzen und Kokos-Aminos-Würzsauce, rühre ein paar Kichererbsen oder Bohnen unter und backe das Ganze im Ofen. Mit etwas Salat, Avocado oder Hummus und fermentiertem Gemüse wird daraus ein leckeres, nahrhaftes Essen.

„Das Ganze ist
größer als die
Summe seiner
Teile."

Aristoteles

FRÜHSTÜCK

EINFACHE PFANNKUCHEN MIT KOKOSJOGHURT & BEEREN

Pfannkuchen – der Klassiker für den Sonntagmorgen. Dieses einfache Rezept vereint das Beste aus beiden Welten. So lecker und sättigend wie immer, aber aus vollwertigen Zutaten. Ich serviere sie am liebsten warm mit Beeren und cremigem Kokosjoghurt. Haferflocken sind reich an energiespendenden, hochwertigen Kohlehydraten. Die Pfannkuchen lassen sich gut einfrieren und aus Resten lässt sich mit nussfreiem Schoko-Aufstrich (siehe Seite 256) und frischen Bananen ein leckeres Dessert zaubern. Die Haferflocken lassen sich auch durch Vollkorn-Buchweizenmehl ersetzen, wenn Hafer vermieden werden soll.

2 Portionen
Vorbereitungszeit: 5 Minuten
Kochzeit: 25 Minuten
Schwierigkeitsgrad: einfach

PFANNKUCHEN

200 g Bio-Haferflocken*
1 TL Backpulver
1 TL Zimt, gemahlen
1 TL Vanillepulver*
2 sehr reife Bananen, geschält
375 ml pflanzlicher Milchersatz*

ZUM SERVIEREN

150 g gefrorene Beeren
250 g Kokosjoghurt*

Die gefrorenen Beeren in einer Schüssel auftauen lassen, während die Pfannkuchen zubereitet werden.

Haferflocken, Backpulver, Zimt und Vanille in die Küchenmaschine geben. Auf hoher Stufe zerkleinern, bis ein Mehl entstanden ist. Den Rest der Zutaten hinzufügen und verrühren, bis der Teig glatt ist.

Eine antihaftbeschichtete Pfanne bei niedriger Hitze erwärmen und pro Pfannkuchen je 1-2 EL des Teiges hineinlöffeln. Jeweils 5 Minuten backen, bis die Oberfläche kleine Blasen wirft. Vorsichtig wenden und auf der anderen Seite backen.

Die Pfannkuchen stapeln, mit je einem großzügigen Klecks Joghurt und Beeren servieren und genießen.

RAWNOLA MIT HAFERFLOCKEN, BEEREN & JOGHURT

Dieses ganz einfache Rezept ist mein Favorit, wenn ich morgens Lust auf etwas nahrhaftes Süßes habe. Ich runde das Ganze mit Früchten der Saison ab. Im Sommer passen Beeren oder Mangos, und im Winter sind eingemachte Birnen oder Äpfel mit Zimt perfekt. Für eine köstliche Schokonote kann man vor dem Zerkleinern auch noch etwas Kakao hinzufügen. Von dem Rawnola kann man gut größere Mengen machen. In einem Glas mit Schraubverschluss lässt es sich auch leicht mitnehmen, so dass man ein ideales kräftiges Frühstück für unterwegs hat.

2 Portionen
Vorbereitungszeit: 5 Minuten
Schwierigkeitsgrad: sehr einfach

RAWNOLA MIT HAFERFLOCKEN
200 g Bio-Haferflocken*
1 TL Zimt, gemahlen
1 TL Vanillepulver*
10 Medjool-Datteln*, entkernt

ZUM SERVIEREN
250 g Kokosjoghurt*
125 g Beeren

Alle Zutaten für das Rawnola in den Mixer geben. Zerkleinern, bis die Mischung anfängt zu kleben.

Auf 2 Schüsseln verteilen und mit Joghurt und Obst nach Wahl garnieren. Zu Bällchen gerollt wird daraus auch ein leckerer Snack für unterwegs.

Das Rawnola hält sich in einem luftdichten Glas im Kühlschrank bis zu 1 Woche.

VIOLETTER SÜSSKARTOFFEL-SMOOTHIE

Dieses Rezept enthält kein Superfood-Pulver, das schwer zu finden ist. Die tolle Farbe und die cremige Konsistenz stammen allein von der gekochten violetten Süßkartoffel. Die Süßkartoffel, außen hell und innen violett, ist außerdem äußerst nährstoffreich. In Verbindung mit dem probiotischen Kokosjoghurt, den Beeren – reich an Antioxidanten –, den ballaststoffreichen Haferflocken und dem Vitamin C der Limette wird daraus ein unschlagbares Power-Frühstück. Habe ich schon erwähnt, dass es absolut köstlich schmeckt? Ich bereite den Smoothie gerne für Freunde und Familie zu und lasse sie raten, was alles drinsteckt.

1 Portion
Vorbereitungszeit: 10 Minuten
Kochzeit: 10 Minuten
Schwierigkeitsgrad: einfach

SMOOTHIE

225 g violette Süßkartoffeln*, geschält und gewürfelt
2 gefrorene, reife Bananen
60 g Kokosjoghurt*
1 Limette, Saft

TOPPINGS

½ Tasse Rawnola mit Haferflocken (siehe Seite 26)
15 g Kokosflocken
35 g gefrorene Beeren

Die Süßkartoffeln dämpfen, bis sie weich sind. Zum Abkühlen beiseitestellen, währenddessen den Rest zubereiten.

Die gefrorenen Bananen in Stücke brechen. Zusammen mit dem Joghurt, dem Limettensaft und den Süßkartoffeln in den Mixer geben. Pürieren, bis alles glatt ist.

In eine Schüssel gießen, garnieren und sofort servieren.

ZITRONEN-PFANNKUCHEN MIT HEIDELBEEREN & ÄPFELN

Diese Pfannkuchen sind mein Leibgericht, wenn wir beim Campen sind. Ich nehme eine große Portion der trockenen Zutaten bereits abgewogen mit, so dass ich dann nur noch den Kokosjoghurt und eine zerdrückte Banane unterrühren muss. Das Ergebnis ist etwas grober, aber nicht weniger lecker. Nährhefe, auch Hefeflocken genannt, ist eine inaktivierte Hefe, die diesem Gericht eine milde Käsenote gibt, ohne dass ein Milchprodukt verwendet wird. Das Ergebnis ist einfach köstlich und enthält zahlreiche Vitamine und Mineralien, unter anderem auch Vitamin B.

2 Portionen
Vorbereitungszeit: 5 Minuten
Kochzeit: 30 Minuten
Schwierigkeitsgrad: einfach

PFANNKUCHEN
100 g Bio-Haferflocken*
1 EL Nährhefe*
1 TL Backpulver
1 Prise Salz
125 g Kokosjoghurt*
1 Zitrone, Saft und Schale
2 reife Bananen, frisch oder gefroren

ZUM SERVIEREN
75 g Heidelbeeren, frisch oder gefroren
½ Apfel (Granny Smith), in feine Scheiben geschnitten
1 TL Zitronenschale
1 EL Ahornsirup*

Den Ofen vorheizen auf 200 °C Umluft. Ein Blech mit Backpapier auslegen. Beim Campen das Feuer schüren und zu mittlerer Hitze niederbrennen lassen. Eine Bratpfanne über dem Feuer erhitzen.

Die Heidelbeeren auf dem Blech für 20 Minuten im Ofen oder in der Pfanne über dem Feuer braten. Immer wieder umrühren und so lange braten, bis ein Großteil der Flüssigkeit verdunstet ist.

In der Zwischenzeit Haferflocken, Nährhefe, Backpulver und Salz in der Küchenmaschine zerkleinern, bis ein Mehl entstanden ist.

Kokosjoghurt, Zitronensaft und Banane zu dem Mehl in die Küchenmaschine geben und glatt rühren. Oder beim Campen die Banane zerdrücken und mit Kokosjoghurt und Zitronensaft unter die trockenen Zutaten mischen. Die Zitronenschale unterrühren.

Eine antihaftbeschichtete Pfanne bei niedriger Hitze erwärmen. 2 EL der Teigmischung hineinlöffeln und backen, bis die Oberfläche kleine Blasen wirft. Vorsichtig wenden und auf der anderen Seite weiterbacken.

Die heißen Pfannkuchen auf einer Platte anrichten und mit den gebackenen Heidelbeeren, den Apfelscheiben, der Zitronenschale und etwas Ahornsirup servieren.

KOKOS-PORRIDGE MIT LOKUM

Dieses köstlich cremige Porridge ist ein perfekter Start in einen faulen Tag. Es schmeckt warm oder kalt. Wenn keine Bio-Haferflocken oder Hafergrütze zur Hand sind, kann man sie auch selber machen. Dazu einfach Haferkörner im Mixer zerkleinern. Am liebsten gieße ich eine leckere Schoko-Tahini-Sauce darüber, aber man kann auch nach Geschmack Obst der Saison nehmen. Pfirsiche, Mangos, Bananenscheiben und Beeren sind eine wunderbare Ergänzung.

2 Portionen
Vorbereitungszeit: 5 Minuten (+ zusätzliche Zeit)
Schwierigkeitsgrad: sehr einfach

PORRIDGE
200 g Bio-Haferflocken*
750 ml pflanzlicher Milchersatz* (ich verwende Kokosmilch)
2 TL Rosenwasser (Lebensmittelqualität)

SCHOKOSAUCE
1 EL Tahini*
1 TL Rohkakaopulver*
2 TL Ahornsirup*
1 EL Wasser

ZUM SERVIEREN
1 EL Pistazien, gehackt
2 TL getrocknete Rosenblätter

Die Zutaten für das Porridge in eine Schüssel geben. Verrühren, damit sich alles vermischt. Einige Minuten (oder über Nacht im Kühlschrank) einweichen lassen.

Die Zutaten für die Schoko-Sauce vermischen, dann über das Porridge träufeln. Mit gehackten Pistazien und getrockneten Rosenblättern garnieren.

Um das Porridge warm zu genießen, einfach den eingeweichten Haferbrei in einem kleinen Topf bei niedriger Hitze unter Rühren erwärmen. Garnieren und servieren.

3 SORTEN FRÜHSTÜCKSKEKSE

Diese Kekse sind das perfekte Frühstück für unterwegs. Dank der Haferflocken stecken sie voller Eisen, Ballaststoffe, Magnesium und Zink. Außerdem haben sie mehr Eiweiß und Fett als andere Getreidesorten. Ich mache gerne am Wochenanfang einen Vorrat davon. Und zwar nicht nur, weil die Kekse total praktisch sind für unterwegs, sondern auch, weil das Haus beim Backen unglaublich lecker duftet! Am liebsten knabbere ich sie am Strand mit einer Tasse heißem Kaffee in der Hand, nachdem ich ausgiebig mit Freunden gesurft bin. Himmlisch!

Etwa 12 Kekse
Vorbereitungszeit: 5 Minuten
Backzeit: 15 Minuten
Schwierigkeitsgrad: sehr einfach

Heidelbeer-Kokos-Kekse

200 g Bio-Haferflocken*
2 reife Bananen, geschält
2 EL Tahini*
¼ TL Salz
1 TL Backpulver
1 TL Vanillepulver*
15 g Kokosflocken
4 Medjool-Datteln*, entkernt
75 g Heidelbeeren, frisch oder gefroren

Ingwer-Gewürz-Kekse

200 g Bio-Haferflocken*
2 reife Bananen, geschält
2 EL Tahini*
¼ TL Salz
1 TL Backpulver
1 EL frischer Ingwer, gerieben
2 TL Zimt, gemahlen
4 Medjool-Datteln*, entkernt

→

Schoko-Kekse

200 g Bio-Haferflocken*
2 reife Bananen, geschält
2 EL Tahini*
¼ TL Salz
1 TL Backpulver
1 TL Vanillepulver*
2 TL Rohkakaopulver*
4 Medjool-Datteln*, entkernt
2 EL Kakaonibs*

Den Ofen vorheizen auf 180 °C Umluft.
Ein Blech mit Backpapier auslegen.

Jeweils alle Zutaten bis auf Kakaonibs oder Heidelbeeren in die Küchenmaschine geben. Kräftig verrühren, bis ein glatter Teig entstanden ist.

Kakaonibs oder Heidelbeeren hinzufügen. Aus dem Teig Bällchen rollen und diese gleichmäßig auf dem Blech verteilen. Jeweils leicht auseinanderdrücken.

12–15 Minuten backen, bis sie goldbraun sind. Warm genießen.
Im Kühlschrank sind sie bis zu 1 Woche haltbar.

EINFACHER CHIA-BEEREN-PUDDING

Dieses Frühstück ist ganz einfach zu machen, und man kann es wunderbar mit zur Arbeit nehmen. Es lässt sich leicht transportieren und sieht danach immer noch so lecker aus wie frisch zubereitet. Alle Zutaten sind unkompliziert zu bekommen und der Pudding ist leicht verdaulich. Chiasamen stecken voller wertvoller Nährstoffe wie Ballaststoffe, Omega-3-Fettsäuren, Kalzium und Magnesium, obwohl sie so klein sind. Die perfekte Hauptzutat für ein Frühstück to go!

1 Portion
Vorbereitungszeit: 10 Minuten
Schwierigkeitsgrad: sehr einfach

PUDDING
2 EL Chiasamen*
250 ml pflanzlicher Milchersatz* (ich verwende Kokosmilch)
¼ TL Vanillepulver*

ZUM GARNIEREN
50 g Beeren, frisch oder gefroren
1 TL Kokosflocken (optional)

Alle Zutaten für den Pudding in ein Glas geben. Das Glas mit einem Schraubdeckel verschließen und kräftig schütteln.

10 Minuten stehen lassen, dann erneut schütteln. Für ein schnelles Frühstück über Nacht im Kühlschrank aufbewahren oder einfach weitere 10 Minuten stehen lassen.

Die Beeren leicht zerdrücken. Etwas davon in ein anderes Glas löffeln. Etwas von dem Chia-Pudding daraufgeben und diese Vorgehensweise wiederholen, bis Pudding und Beeren aufgebraucht sind. Mit einem Deckel verschließen und unterwegs oder zuhause genießen.

AVOCADO AUF HAFER-TOAST

Für den perfekten Avocado-Toast muss das Mengenverhältnis zwischen Avocado und Toast stimmen. Außerdem ist die Garnierung entscheidend. Damit habe ich im Laufe der Zeit so meine Höhen und Tiefen erlebt. Diese einfache Variante ist zurzeit mein Liebling. Herrlich, diese Kombination aus salzig, süß, herzhaft, scharf, knackig und cremig! Ich hoffe, ihr seid genauso begeistert! Wenn ihr gerade kein selbstgemachtes Haferbrot (siehe Seite 254) vorrätig habt, funktioniert es genauso gut mit hochwertigem gekauftem Brot. Die Anzahl der Zutaten sollte möglichst klein sein und es sollten keine Nummern auf der Liste der Zutaten stehen.

2 Stück
Vorbereitungszeit: 5 Minuten
Kochzeit: 5 Minuten
Schwierigkeitsgrad: sehr einfach

TOAST

2 Scheiben Haferbrot (siehe Seite 254)
½ Avocado
1 Zitrone, Saft
1 EL Mandeln, geröstet
1 EL Frühlingszwiebeln, in Scheiben geschnitten
½ TL Chiliflocken

ZUM SERVIEREN

2 EL Sauerkraut*
1 TL Balsamicoessig oder -creme

2 Scheiben Haferbrot toasten. Die Avocado gründlich zerdrücken. Die Hälfte des Zitronensafts hinzufügen und gut verrühren. Die Mandeln grob hacken.

Die Avocado-Creme auf die beiden Brotscheiben verteilen, mit Frühlingszwiebeln, gerösteten Mandeln und Chiliflocken bestreuen und mit dem restlichen Zitronensaft beträufeln.

Mit einer großzügigen Portion Sauerkraut und einem Spritzer Balsamicoessig servieren. Voila! Das perfekte einfache Frühstück.

PIKANTER TOFU MIT GEMÜSE

Auf unserem großen Abenteuer-Trip durch das wunderschöne Tasmanien haben wir dieses köstliche Gericht beinahe jeden zweiten Tag gegessen. Es schmeckt toll und macht satt, vor allem, wenn man ein paar Scheiben von meinem Haferbrot (Seite 254) dazu serviert. Ein großartiger Start in den Tag mit leckerem, nahrhaftem Gemüse, herzhaftem Brot und cremiger Avocado. Wir haben das Ganze auch schon in einen Wrap verpackt als Mittagessen mitgenommen oder es mit Reis und etwas mehr Gemüse als Abendessen verspeist. Eines meiner Lieblingsgerichte, das ganz einfach ist und sich grenzenlos variieren lässt.

2 Portionen
Vorbereitungszeit: 5 Minuten
Kochzeit: 10 Minuten
Schwierigkeitsgrad: einfach

TOFU MIT GEMÜSE

1 rote Zwiebel, gehäutet und gewürfelt
1 rote Paprikaschote, gewürfelt
180 g Pilze, in Scheiben geschnitten
200 g fester Tofu*
1 TL Currypulver
2 TL geräuchertes Paprikapulver*
30 g Petersilie, gehackt
2 EL Schnittlauch, gehackt

ZUM SERVIEREN

4 Scheiben Haferbrot (siehe Seite 254)
1 Avocado, in Scheiben geschnitten
1 EL Balsamicoessig oder -creme
1 TL frische Petersilie
1 TL frischer Schnittlauch

Eine antihaftbeschichtete Pfanne bei niedriger Hitze erwärmen, Zwiebel, Paprika und Pilze hineingeben. Umrühren, dann den Deckel auflegen und ein paar Minuten schmoren lassen.

Währenddessen den Tofu abtropfen lassen und waschen, dann in kleine Stücke zerkrümeln und zusammen mit den Gewürzen in einer anderen Pfanne unter ständigem Rühren anbraten. Die Hitze hochschalten und garen, bis er durch ist.

Petersilie und Schnittlauch hinzufügen. Kräftig umrühren, dann den Herd abschalten.

Das Brot toasten. 2 Scheiben mit Avocado belegen und mit Balsamico und Kräutern garnieren. Auf die anderen beiden Scheiben den Tofu häufen.

KARTOFFELRÖSTI MIT AVOCADO

Dieses Rezept ist mir eingefallen, als ich einmal solche Lust auf Avocado-Toast hatte und mir das Brot ausgegangen war. Das Ergebnis war so lecker, dass ich es seitdem immer wieder gemacht habe. Die Kombination von Rösti, Dill und Avocado ist einfach perfekt. Ich schmuggle gerne etwas fermentiertes Gemüse in meine Gerichte, und hier passt es wunderbar. Man kann die Rösti auch aus Süßkartoffeln machen und in dem Salat kann man sämtliche Gemüsereste verwerten. Das ideale Frühstück für alle, die es einfach und herzhaft mögen.

2 Portionen
Vorbereitungszeit: 10 Minuten
Kochzeit: 20 Minuten
Schwierigkeitsgrad: einfach

RÖSTI

200 g Kartoffeln, gewaschen und geraspelt
½ Küchenzwiebel, in dünne Scheiben geschnitten
1 EL frischer Dill, fein gehackt
1 TL Knoblauchpulver
¼ TL Salz

ZUM SERVIEREN

½ Avocado, in Scheiben geschnitten
2 EL Sauerkraut*
¼ TL frisch gemahlener schwarzer Pfeffer
¼ TL Chiliflocken
1 EL Kokos-Aminos-Würzsauce* oder eine Mischung aus Tamari, Ahornsirup und Apfelessig
1 frischer Dillzweig (optional)
1 Zitrone oder Limette, geviertelt

Den Ofen vorheizen auf 200 °C Umluft. Ein großes Blech mit Backpapier auslegen.

Kartoffeln, Zwiebeln, Dill, Knoblauchpulver und Salz in eine Schüssel geben und gründlich mischen.

Die Kartoffelmischung in 6 Teile aufteilen. Mit den Händen Kugeln formen. Auf dem Blech verteilen und mit einem Pfannenwender zu je einem Rösti auseinanderdrücken.

Im Ofen 20 Minuten backen.

Die fertigen Rösti mit Avocadoscheiben und Sauerkraut garnieren. Mit Pfeffer, Chiliflocken, Kokos Aminos und Dill (nach Geschmack) würzen.

Mit Limetten- oder Zitronenspalten servieren.

GEBACKENE BOHNEN MIT GERÄUCHERTEM KOKOS-„SPECK"

An einem kühlen, klaren Morgen ist ein warmes Frühstück einfach unschlagbar. Am besten kocht man es draußen über einem offenen Feuer für den rauchigen Geschmack. Aber auch an einem faulen Sonntagmorgen daheim gekocht, ist es äußerst wohltuend. Mit Naturreis oder Bratkartoffeln ergibt es durchaus auch ein leckeres und schnelles Abendessen für Werktage. Entscheidend sind dabei möglichst reife, saftige Kirschtomaten und ganz frische, selbstgezogene Kräuter. Ich reiche dazu gerne getoastetes Haferbrot (siehe Seite 254) mit cremiger Avocado.

2 Portionen
Vorbereitungszeit: 5 Minuten
Kochzeit: 30 Minuten
Schwierigkeitsgrad: einfach

GEBACKENE BOHNEN

300 g Kirschtomaten
1 rote Zwiebel, gehäutet und gewürfelt
2 Knoblauchzehen, gehackt
1 EL Kokos-Aminos-Würzsauce* oder eine Mischung aus Tamari, Ahornsirup und Apfelessig
250 g weiße Bohnen (aus der Dose), abgetropft und gespült
½ TL geräuchertes Paprikapulver
½ TL Chilipulver
½ TL Salz
½ TL frisch gemahlener schwarzer Pfeffer
½ Zitrone, Saft
30 g glatte Petersilie, gehackt

ZUM SERVIEREN

4 Scheiben Haferbrot (siehe Seite 254)
½ Avocado, in dicke Scheiben geschnitten
2 EL geräucherter Kokos-„Speck" (siehe Seite 278)
1 EL glatte Petersilie

Eine Pfanne bei niedriger Hitze oder beim Campen über dem offenen Feuer erwärmen. Alle Kirschtomaten hineingeben, mit einem Deckel zudecken und etwa 5 Minuten kochen, bis sie weich sind. Dabei gelegentlich umrühren.

Zwiebeln, Knoblauch und Kokos Aminos hinzufügen und kochen, bis sie durchscheinend sind.

Bohnen, Gewürze, Salz, Pfeffer und Zitronensaft dazugeben. Gut umrühren.

Einige Minuten köcheln lassen, dann die gehackte Petersilie hinzufügen. Den Herd abschalten oder die Pfanne vom Feuer nehmen und nochmals gründlich umrühren.

Die gebackenen Bohnen auf zwei Schüsseln verteilen und mit getoasteten Haferbrotscheiben, dicken Avocadoscheiben, geräuchertem Kokos-„Speck" und Petersilie anrichten.

PIKANTER KICHERERBSEN-PFANNKUCHEN MIT MINZE-JOGHURT

Dieser fabelhafte, lockere, herzhafte Pfannkuchen ist bei unseren Camping-Abenteuern eines unserer Lieblingsgerichte und lässt sich über einem offenen Feuer oder auf einem Camping-Kocher einfach zubereiten. Wir essen diese Pfannkuchen durchaus nicht nur zum Frühstück, sondern genießen sie gerne auch als entspanntes Mittagessen, Abendessen oder als Beilage. Man serviert die Pfannkuchen am besten sofort. Der Minze-Joghurt ist die perfekte Ergänzung, um die Schärfe auszubalancieren.

1 großer Pfannkuchen
Vorbereitungszeit: 5 Minuten
Kochzeit: 10 Minuten
Schwierigkeitsgrad: einfach

PFANNKUCHEN

80 g Kichererbsenmehl*
1 TL Garam Masala, gemahlen
½ TL Knoblauchpulver
½ TL Backpulver
½ TL Kurkumapulver
¼ TL Salz
½ Zitrone, Saft und Schale
2 Champignons, fein gewürfelt

ZUM SERVIEREN

60 g Kokosjoghurt*
½ Zitrone, Saft
¼ TL Knoblauchpulver
1 EL frische Minze, gehackt
1 TL Ahornsirup*
1 EL Schnittlauch, gehackt
75 g Kirschtomaten, gewürfelt
½ Avocado, in Scheiben geschnitten
1 TL Chiliflocken (optional)

Eine antihaftbeschichtete Pfanne bei niedriger Hitze erwärmen.

Alle trockenen Zutaten für den Pfannkuchen in einer Schüssel vermischen. 185 ml Wasser und den Zitronensaft hinzugießen. Kräftig rühren, damit sich alles gut verbindet.

Die Pilze unterrühren und kräftig rühren.

Den Teig in die Pfanne gießen und von jeder Seite etwa 5 Minuten backen.

Kokosjoghurt, Zitronensaft, Knoblauchpulver, gehackte Minze und Ahornsirup in einer kleinen Schüssel verrühren.

Den Pfannkuchen mit Minze-Joghurt, gehacktem Schnittlauch, Kirschtomaten, Avocadoscheiben und Chiliflocken anrichten und servieren.

BOWLS

QUINOA-SUSHI-BOWL MIT INGWER-TOFU

Das hier ist meine vollwertige, in Einzelteile zerlegte Version einer klassischen Sushi-Rolle. Für etwas so Einfaches bietet es erstaunlich viel Geschmack und Nährwert. Quinoa, reich an Eiweiß und Ballaststoffen, ist eine köstliche Alternative zu weißem, poliertem Reis. Die Kokos-Aminos-Würzsauce ist ein perfekter süß-salziger Ersatz für die gewöhnliche Sojasauce. Die Roten Beten, welche die Leber reinigen, geben dem Ganzen eine erfrischende Note. Und der selbstgemachte eingelegte Ingwer intensiviert das Geschmackserlebnis noch. Natürlich dürfen bei einem ordentlichen Sushi weder Avocado noch Sesam fehlen.

2 Portionen
Vorbereitungszeit: 15 Minuten
Kochzeit: 20 Minuten
Schwierigkeitsgrad: einfach

SCHNELL EINGELEGTER INGWER

80 g frischer Ingwer, geschält und in Scheiben geschnitten
125 ml Apfelessig*
1 EL Ahornsirup*

TOFU

120 g fester Tofu*, gewürfelt
1 EL Kokos-Aminos-Würzsauce* oder eine Mischung aus Tamari, Ahornsirup und Apfelessig
1 EL frischer Ingwer, gehackt

BOWL

200 g Quinoa, gespült
½ reife Avocado, in Scheiben geschnitten
140 g Rote Bete, geraspelt
25 g Schnittlauch, gehackt
1 Bio-Noriblatt*, klein gerissen
1 TL schwarze Sesamsamen
1 TL weiße Sesamsamen
2 EL Kokos-Aminos-Würzsauce* oder eine Mischung aus Tamari, Ahornsirup und Apfelessig

Die Zutaten für den eingelegten Ingwer in ein Glas mit Schraubverschluss geben. Kräftig schütteln und beiseitestellen.

Quinoa mit 250 ml Wasser in einem kleinen Topf zum Kochen bringen, dann köcheln lassen, bis das ganze Wasser aufgesogen ist.

Tofu mit Kokos Aminos und Ingwer in einer Schüssel gründlich vermengen.

Eine antihaftbeschichtete Pfanne bei niedriger Hitze erwärmen. Den Tofu darin anbraten, dabei gelegentlich wenden, bis er durch ist.

Die gekochte Quinoa auf 2 Schüsseln verteilen. Darauf die anderen Zutaten häufen. Großzügig mit Kokos Aminos beträufeln und mit eingelegtem Ingwer bestreuen.

Der eingelegte Ingwer hält sich im Kühlschrank in einem luftdichten Behälter bis zu 2 Wochen.

NAHRHAFTE 5-MINUTEN-BOWL

Wer Lust auf etwas Grünes, Nahrhaftes, Sättigendes hat, der sollte dieses Rezept ausprobieren. Ich liebe es wegen seiner ausbalancierten Geschmacksrichtungen und seiner Bodenständigkeit. Man kann dafür Brokkoli, Blumenkohl oder Romanesco oder auch eine Kombination der drei verwenden. Außerdem packe ich meine Lieblingsgewürze und -kräuter in dieses Gericht. Am besten nimmt man das Gemüse, das gerade reif ist. Ein leckeres, schnelles Mittag- oder Abendessen.

2 Portionen
Vorbereitungszeit: 5 Minuten
Kochzeit: 5 Minuten
Schwierigkeitsgrad: sehr einfach

BOWL

700 g Brokkoli, Blumenkohl oder Romanesco
1 TL Kurkumapulver
1 TL Kreuzkümmelpulver
3 Knoblauchzehen, gehäutet und gehackt
75 g Pilze, in Scheiben geschnitten
2 TL frischer Thymian
2 EL Rote-Bete-Sauerkraut*
2 EL Miso-Hummus (siehe Seite 266)

ZUM SERVIEREN

1 EL Kokos-Aminos-Würzsauce* oder eine Mischung aus Tamari, Ahornsirup und Apfelessig
1 TL frischer Thymian
1 TL glatte Petersilie

Eine antihaftbeschichtete Pfanne bei niedriger Hitze erwärmen.

Den Kohl, die Gewürze und die Hälfte des Knoblauchs im Mixer zerkleinern, bis das Ganze eine reisähnliche Konsistenz hat. In die Pfanne geben und anbraten, bis es warm ist.

In einer weiteren Pfanne Pilze, Thymian und den restlichen Knoblauch anbraten, bis sie durch sind.

Den Brokkoli-„Reis" mit Pilzen, Sauerkraut und Hummus in 2 Schüsseln anrichten, mit Kokos Aminos beträufeln und mit frischen Kräutern bestreuen.

BREI AUS NATURREIS MIT SESAM

Ich liebe es, traditionelle, klassische, lang erprobte Gerichte in vegane, vollwertige Mahlzeiten zu verwandeln, die genauso lecker sind. Congee ist ein herzhafter Reisbrei, der in vielen asiatischen Ländern weit verbreitet ist und oft mit Beilagen serviert wird. Ich ersetze den weißen Reis durch Naturreis. Interessant wird das Ganze bei mir durch Kimchi, Kräuter, Chilis und Kokos Aminos. Das Ergebnis ist wärmend, tröstend und leicht verdaulich. Hier in Victoria essen wir es vor allem in den kühleren Monaten, da es einen wunderbar von innen heraus wärmt. Außerdem lässt es sich ganz langsam über einem offenen Feuer oder auf dem Herd im Schongarer kochen.

4 Portionen
Vorbereitungszeit: 5 Minuten
Kochzeit: 1 ½ Stunden
Schwierigkeitsgrad: einfach

CONGEE

220 g Naturreis, gründlich gespült
6 Knoblauchzehen, gehackt
1 EL frischer Ingwer, geschält und gehackt
180 g Shiitake-Pilze, in Scheiben geschnitten
1 EL weiße Sesamsamen

ZUM SERVIEREN

60 ml Kokos-Aminos-Würzsauce* oder eine Mischung aus Tamari, Ahornsirup und Apfelessig
½ EL schwarze Sesamsamen
½ EL weiße Sesamsamen
15 g frischer Koriander
30 g Frühlingszwiebeln, in Scheiben geschnitten
1 roter Chili, Samen entfernt, in Scheiben geschnitten
2 EL Kimchi*

Eine große Pfanne bei mittlerer Hitze erwärmen. Den Reis mit 2,5 l Wasser, Knoblauch und Ingwer hineingeben. Zum Kochen bringen, dann zugedeckt 1 Stunde köcheln lassen, dabei gelegentlich umrühren.

Den Deckel abnehmen, die Pilze hinzufügen und weitere 30 Minuten köcheln, bis das ganze Wasser aufgesogen ist. Die Sesamsamen unterrühren und den Reisbrei auf 4 Schüsseln verteilen.

Mit Kokos Aminos würzen und mit weiteren Sesamsamen, Koriander, Frühlingszwiebeln, Chilis und etwas Kimchi garnieren.

TEMPEH-BUDDHA-BOWL

Der rauchige Geschmack des Tempehs in diesem Gericht ist einfach köstlich! Es ist schnell und einfach zubereitet und ergibt ein leckeres Mittagessen. Wenn nicht genügend Zeit ist, um den Hummus selbst zu machen, funktioniert es genauso mit gekauftem. Ich habe immer Salat und Kräuter im Garten, weil sie pflegeleicht sind und üppig wachsen. Für dieses Rezept nimmt man einfach, was gerade da ist. Ich mag besonders Spinat und roten Kopfsalat. Der Trick dabei ist, sie sorgfältig und möglichst fein zu schneiden. Bio-Tempeh ist in den meisten Bio- und Naturkostläden zu finden. Man kann dieses Gericht auch als Wrap wunderbar für unterwegs mitnehmen.

2 Portionen
Vorbereitungszeit: 5 Minuten
Kochzeit: 10 Minuten
Schwierigkeitsgrad: sehr einfach

TEMPEH

1 TL Knoblauchpulver
1 TL geräuchertes Paprikapulver*
1 EL Kokos-Aminos-Würzsauce* oder eine Mischung aus Tamari, Ahornsirup und Apfelessig
100 g Bio-Tempeh*, in Scheiben geschnitten

SALAT

2 EL Rote-Bete-Sauerkraut*
60 g Salat nach Wahl, fein geschnitten
2 EL Miso-Hummus (siehe Seite 266)

ZUM SERVIEREN

1 EL Dill
1 EL glatte Petersilie

Knoblauchpulver, Paprikapulver und Kokos Aminos in einer Schüssel mit einem Schneebesen gründlich vermischen. Das Tempeh in Streifen schneiden und in die Marinade geben. Vorsichtig vermischen und beiseitestellen.

Die Zutaten für den Salat auf 2 Schüsseln verteilen.

Eine antihaftbeschichtete Pfanne bei mittlerer Hitze erwärmen, darin die Tempehstreifen von beiden Seiten anbraten, bis sie knusprig sind.

In die Schüsseln geben und mit frischen Kräutern bestreuen.

MAIS-BOWL MIT FRISCHER SALSA

In Sachen Geschmack, Frische und Farbe ist mexikanisches Essen einfach unschlagbar. Salsa und cremige Avocado zu herzhaftem Reis sind ein tolles Team, das sich besonders gut auch für eine größere Runde eignet. Wickelt man die Zutaten in Tortillas, dann entstehen leckere, frische Tacos. Und falls etwas übrigbleibt, hat man schon ein sättigendes Mittagessen für den nächsten Tag.

2 Portionen
Vorbereitungszeit: 10 Minuten
Kochzeit: 30 Minuten
Schwierigkeitsgrad: einfach

BOWL
200 g Naturreis, gründlich gespült
400 g Mais
1 TL geräuchertes Paprikapulver*
1 Avocado
1 Limette, Saft
1 Prise Salz
1 Prise frische gemahlener schwarzer Pfeffer

ZUM SERVIEREN
250 g schwarze Bohnen (aus der Dose), abgetropft und gespült
1 ½ Tassen frische Salsa (siehe Seite 268)
2 EL Cashew-„Parmesan“ (siehe Seite 272)
1 EL frischer Koriander, grob gehackt
1 Prise geräuchertes Paprikapulver*
1 Limette, geviertelt

Den Reis mit 650 ml Wasser in einem Topf zum Kochen bringen, dann die Hitze zurückdrehen und unter gelegentlichem Rühren köcheln lassen, bis alle Flüssigkeit aufgesogen ist.

Währenddessen eine antihaftbeschichtete Pfanne bei mittlerer Hitze erwärmen. Mais und Paprikapulver hineingeben. Unter Rühren anbraten, bis er leicht gebräunt ist. Vom Herd nehmen und beiseitestellen.

Die Avocado zerdrücken und mit Limettensaft, Salz und Pfeffer vermischen.

Wenn der Reis fertig ist, in 2 Schüsseln schwarze Bohnen, Reis, Mais, zerdrückte Avocado und frische Salsa anrichten.

Mit Cashew-„Parmesan“, Koriander und einer Prise Paprikapulver bestreuen und mit Limettenspalten servieren.

KÖSTLICHE DAL-BOWL

Dal ist ein traditionelles indisches Gericht, das normalerweise aus gedämpftem Reis mit Linsensuppe besteht. Je nach Gegend gibt es dabei viele verschiedene Ausprägungen. Meine Variante ist dickflüssig und herzhaft. Am Schluss kommt noch etwas Zitronensaft darüber, der die verschiedenen Geschmacksrichtungen intensiviert. Man braucht nur ein paar Basics und das Ganze ist schnell zubereitet. Dank der nahrhaften Linsen ist es reich an Ballaststoffen. Und viel frischer Ingwer und Kurkuma können ihre entzündungshemmende Wirkung entfalten. Das Gericht ist leicht verdaulich und auch für empfindliche Mägen garantiert geeignet. Ich mache immer eine große Menge, weil sich eventuelle Reste in einem leckeren Wrap wiederverwerten lassen. Wer keinen Koriander mag, kann ihn durch Petersilie ersetzen, das funktioniert genauso gut.

4 Portionen
Vorbereitungszeit: 10 Minuten
Kochzeit: 30 Minuten
Schwierigkeitsgrad: einfach

DAL

1 weiße Zwiebel, gewürfelt
1 EL frischer Ingwer, gehackt
3 Knoblauchzehen, gehackt
1 TL Currypulver
1 TL Kurkumapulver
1 TL Kreuzkümmelpulver
500 g rote Linsen, gründlich gespült
2 EL frischer Koriander, gehackt
1,25 l Gemüsebrühe
1 Zitrone, Saft

BOWL

285 g Wildreis, gespült
200 g Pilze, in Scheiben geschnitten
40 g Sprossen

Alle Zutaten für das Dal außer dem Zitronensaft in einen großen Topf geben. Zum Kochen bringen, dann die Hitze reduzieren. Zugedeckt etwa 30 Minuten köcheln lassen, dabei gelegentlich umrühren, bis das Dal allmählich eindickt. Vom Herd nehmen, dann den Zitronensaft unterrühren.

In einem weiteren Topf den Reis mit 750 ml Wasser zum Kochen bringen, dann die Hitze zurückdrehen und köcheln lassen, bis das ganze Wasser aufgesogen ist.

Eine antihaftbeschichtete Pfanne erwärmen, dann die Pilzscheiben mit etwas Wasser hineingeben. Bei niedriger Hitze braten, bis sie weich und gebräunt sind.

Für die Dal-Bowls Reis, Dal, Pilze und Sprossen auf 4 Schüsseln verteilen.

PIKANTE SALBEI-KÜRBIS-BOWL

Die Kombination von Salbei und Kürbis – besonders gebackenem Kürbis – ist einfach perfekt. Immer wieder lande ich bei diesem Rezept. Die gesunden Fette der Avocado zusammen mit den süßen Roten Beten machen satt, und die gerösteten Kürbiskerne als leckere, knusprige Garnierung versorgen das Immunsystem mit wertvollem Zink und Magnesium. Deshalb bewahre ich beim Kochen von Kürbis immer die Kerne auf und röste sie, um sie über diverse Gerichte zu streuen (siehe Seite 76).

2 Portionen
Vorbereitungszeit: 15 Minuten
Kochzeit: 30 Minuten
Schwierigkeitsgrad: einfach

KÜRBIS

1 kg Kürbis, Kerne aufbewahren
2 TL Sojasauce*
5 g frische Salbeiblätter
1 TL Chiliflocken
4 Knoblauchzehen, gehackt
1 EL Nährhefe*
2 EL Kokos-Aminos-Würzsauce* oder eine Mischung aus Tamari, Ahornsirup und Apfelessig

BOWL

1 Avocado, der Länge nach halbiert
1 TL schwarze Sesamsamen
1 TL weiße Sesamsamen
140 g Rote Bete, geraspelt
35 g Rucola
1 EL Kokos-Aminos-Würzsauce* oder eine Mischung aus Tamari, Ahornsirup und Apfelessig
2 EL Bohnensprossen
1 TL Dukkah

Den Ofen vorheizen auf 200 °C Umluft.

Die Kürbiskerne reinigen, trockentupfen und in etwas Sojasauce oder Kokos Aminos wenden. Auf einem mit Backpapier ausgelegten Blech verteilen und 15 Minuten rösten, bis sie knusprig und goldbraun sind.

Den Kürbis schälen und würfeln. Ein weiteres Blech mit Backpapier auslegen. Kürbisstücke, Salbei, Chili, Knoblauch, Nährhefe und Kokos Aminos darauf verteilen und 30 Minuten im Ofen backen.

Die Avocado schälen und den Kern entfernen. In den Sesamsamen wenden und mit Roten Beten und Rucola in 2 Schüsseln anrichten.

Wenn der Kürbis durch ist, in eine Schüssel geben und mit einer Gabel leicht zerdrücken. Auf die beiden Bowls verteilen, mit Kokos Aminos beträufeln und mit Bohnensprossen, Dukkah und gerösteten Kürbissamen garnieren.

WILDREIS-BOWL MIT GRÜNEM GEMÜSE

Der Reis in diesem Rezept bildet die perfekte Grundlage für eine große Menge an entschlackendem Grünzeug. Sucht euch für diese nahrhafte Bowl gerne euer Lieblingsgemüse aus und genießt sie mit einem Spritzer Zitronensaft und einer cremigen Avocado. Dieses Gericht stillt sämtliche Gelüste nach Grünem. Das Ganze funktioniert auch wunderbar mit Naturreis oder Quinoa.

2 Portionen
Vorbereitungszeit: 5 Minuten
Kochzeit: 20 Minuten
Schwierigkeitsgrad: einfach

WILDREIS

190 g Wildreis
1 EL Tahini*
1 EL Kokos-Aminos-Würzsauce* oder eine Mischung aus Tamari, Ahornsirup und Apfelessig
½ TL Knoblauchpulver

SALAT

45 g Spinat
1 kleine Salatgurke, in feine Scheiben geschnitten
60 g Alfalfa-Sprossen
1 Bio-Noriblatt*, klein gerissen
40 g Erbsensprossen, gehackt
1 Avocado, in Scheiben geschnitten
½ TL schwarze Sesamsamen
½ TL weiße Sesamsamen
1 Limette, halbiert

Den Reis mit 500 ml Wasser in einem mittelgroßen Topf zum Kochen bringen. Dann die Hitze zurückschalten und zugedeckt köcheln, bis das ganze Wasser aufgesogen ist.

Währenddessen alle Zutaten für den Salat auf 2 Schüsseln verteilen.

Wenn der Reis fertig ist, Tahini, Kokos Aminos und Knoblauchpulver unterrühren. Auf dem Salat anrichten und genießen.

MEXIKANISCHE CHILI-BOWL

In dieser leckeren Chili-Bowl stecken wertvolle, nahrhafte Zutaten, die eine große Menge an Ballaststoffen und reichlich Eiweiß enthalten. Sie ist genau das Richtige, wenn man in Eile ist und Hunger auf etwas Leckeres hat. Das Chili lässt sich wunderbar portionsweise einfrieren und ist daher ideal fürs Vorkochen am Sonntagabend. Ich mache immer mehr als nötig und serviere die Reste zu gebackenen Süßkartoffeln, in Tacos, mit Reis, Salat oder gegrilltem Mais. Es macht satt und schenkt Energie, außerdem ist es ein feines, günstiges, einfaches Essen für größere Runden.

2-4 Portionen
Vorbereitungszeit: 5 Minuten
Kochzeit: 30 Minuten
Schwierigkeitsgrad: einfach

CHILI

1 Küchenzwiebel, gewürfelt
3 Knoblauchzehen, gehackt
2 rote Paprikaschoten, gewürfelt
375 g Tomaten (aus der Dose)
280 g braune Linsen (aus der Dose), abgetropft und gespült
250 g Kidneybohnen (aus der Dose), abgetropft und gespült
1 rote Chili, gewürfelt
2 TL geräuchertes Paprikapulver*
2 TL gemahlener Kreuzkümmel
½ TL Salz

BOWL

2 Handvoll Tortilla-Chips (aus Mais, siehe Seite 172)
½ Tasse frische Salsa (siehe Seite 268)
1 Avocado, in Scheiben geschnitten
7 g Koriander
1 Handvoll Sprossen oder Brunnenkresse
1 Limette, geviertelt

Einen großen Topf bei niedriger Hitze erwärmen. Darin Zwiebel, Knoblauch und Paprika anbraten.

Alle anderen Zutaten für das Chili hinzufügen und kräftig umrühren. Bei niedriger Hitze 30 Minuten köcheln lassen, bis alles durch ist.

Das Chili auf Schüsseln verteilen und mit Tortilla-Chips, frischer Salsa, Avocadoscheiben, Koriander, Sprossen oder Brunnenkresse und einer Limettenspalte servieren.

REGENBOGEN-BOWL MIT KNUSPRIGEM TOFU & MISO-SAUCE

Diese Bowl enthält alle Zutaten, Farben und Geschmacksrichtungen, die man von einem ausgewogenen Gericht erwartet: Vollkorn, rohes Gemüse, fermentiertes Gemüse, Eiweiß, Miso-Sauce und Algen, die reich an Mineralien sind. Eine wunderbare Gelegenheit, um Gemüsereste aufzubrauchen, und außerdem immer ein Volltreffer, wenn überraschend Gäste zum Essen kommen. Man kann dabei mit diversen Variationsmöglichkeiten spielen. Ich mache gerne etwas mehr von dem Dressing und verwende es am nächsten Tag für einen schnellen Salat. Die Zutaten lassen sich auch problemlos in einem Wrap oder in ein Noriblatt gewickelt zur Arbeit oder an den Strand mitnehmen. Nach Geschmack kann man den Naturreis auch durch Quinoa, Buchweizen oder eine andere Vollkornart ersetzen. Einfach köstlich!

2 Portionen
Vorbereitungszeit: 10 Minuten
Kochzeit: 20 Minuten
Schwierigkeitsgrad: einfach

TOFU

250 g fester Bio-Tofu*, in Würfel geschnitten
1 EL Kokos-Aminos-Würzsauce* oder eine Mischung aus Tamari, Ahornsirup und Apfelessig

BOWL

200 g Langkorn-Naturreis, gespült
100 g Zucchini, geraspelt
100 g Karotten, geraspelt
100 g Rote Bete, geraspelt
2 EL Sauerkraut*
1 Bio-Noriblatt*, klein gerissen
1 Tasse Miso-Sauce (siehe Seite 276)

Den Tofu mit Kokos Aminos bedecken und zum Marinieren beiseitestellen.

Währenddessen den Reis mit 500 ml Wasser in einem kleinen Topf zum Kochen bringen. Die Hitze reduzieren und köcheln lassen, bis das ganze Wasser aufgesogen ist.

Eine antihaftbeschichtete Pfanne bei mittlerer Hitze erwärmen, dann den marinierten Tofu hineingeben. Unter Wenden von allen Seiten anbraten, bis er überall leicht gebräunt ist.

Den Reis auf 2 Schüsseln verteilen, dann die Zucchini, die Karotten, die Rote Bete, das Sauerkraut, das Noriblatt, den Tofu und die Miso-Sauce darauf verteilen.

OFEN-KÜRBIS MIT ROSMARIN UND MISO-SAUCE

Der Kürbis mit Rosmarin aus diesem Rezept ist extrem geschmacksintensiv, vor allem wenn man ihn mit der Miso-Sauce beträufelt (siehe Seite 276). Die leckeren Reste davon kann man gehackt in einem Salat verwerten. Und hier noch ein Tipp: Werft die Kürbiskerne nicht weg! Säubert und wascht sie, trocknet sie, beträufelt sie mit etwas Sojasauce oder Kokos Aminos und röstet sie 15 Minuten, bis sie knusprig sind. Sie geben einen leckeren Snack ab oder sind eine knusprige Garnierung. Außerdem stecken in ihnen lauter wertvolle Nährstoffe wie Zink, Magnesium und Omega-3 Fettsäuren. Also, nichts verkommen lassen!

2 Portionen
Vorbereitungszeit: 10 Minuten
Kochzeit: 1 Stunde
Schwierigkeitsgrad: einfach

KÜRBIS

1 kg Kürbis, die Kerne aufbewahren
2 EL Kokos-Aminos-Würzsauce* oder eine Mischung aus Tamari, Ahornsirup und Apfelessig
3 Knoblauchzehen, gehäutet und in dünne Scheiben geschnitten
10 g frischer Rosmarin, nur die Nadeln
½ TL Salz

ZUM SERVIEREN

200 g schwarzer Reis
40 g Rucola
1 Tasse Miso-Sauce (siehe Seite 276)

Den Ofen vorheizen auf 180 °C Umluft.

Die Kürbiskerne waschen, trocken tupfen und in Kokos Aminos wenden. Im Ofen rösten, während der Rest zubereitet wird.

Den Kürbis in Spalten schneiden.

Ein Blech mit Backpapier auslegen. Den Kürbis darauf verteilen. Die einzelnen Stücke mit Kokos Aminos bepinseln und mit Knoblauch, Rosmarin und Salz bestreuen.

Im Ofen 1 Stunde backen, bis alles weich und goldbraun ist.

Den Reis gründlich spülen. Mit 500 ml Wasser in einem kleinen Topf zum Kochen bringen, dann die Hitze reduzieren und 15 Minuten köcheln lassen, bis das ganze Wasser aufgesogen ist.

Reis, Rucola und Kürbis auf 2 Schüsseln verteilen und vor dem Servieren mit Miso-Sauce beträufeln.

SÜSSKARTOFFEL-BOWL MIT SÜSSEM SENF

Dieses Gericht könnte ich wirklich jeden Tag essen. Es stellt mich in jeder Hinsicht zufrieden: Da stimmen Geschmack, Gewürze, Nährstoffe und die entspannte Zubereitung. Wenn man die Süßkartoffeln bereits am Vorabend röstet, dann hat man ein wunderbares Mittagessen, das kalt genauso lecker schmeckt. Ich mag dazu gerne Miso-Hummus (siehe Seite 266), aber auch fermentiertes oder eingelegtes Gemüse, Oliven und Dukkah passen gut.

2 Portionen
Vorbereitungszeit: 10 Minuten
Kochzeit: 40 Minuten
Schwierigkeitsgrad: einfach

SÜSSKARTOFFELN

800 g Süßkartoffeln
1 EL Kokos-Aminos-Würzsauce* oder eine Mischung aus Tamari, Ahornsirup und Apfelessig
2 EL süßer Senf
1 Knoblauchzehe, gehackt
¼ TL Salz

BOWL

1 große Avocado
½ Limette, Saft
40 g Rucola
2 EL Miso-Hummus (siehe Seite 266)
½ TL frisch gemahlener Pfeffer
1 Limette, halbiert

Den Ofen vorheizen auf 180 °C Umluft.

Die Süßkartoffeln waschen und würfeln.

Kokos Aminos, süßen Senf, Knoblauch und Salz in einer großen Schüssel vermengen. Die Süßkartoffeln unterrühren und gründlich mischen.

Die Süßkartoffelstücke auf ein mit Backpapier ausgelegtes Blech verteilen und im Ofen 40 Minuten rösten.

Die Avocado zerdrücken und mit dem Limettensaft vermischen.

Rucola, Hummus, Avocado und Süßkartoffeln auf 2 Schüsseln verteilen, mit frisch gemahlenem Pfeffer bestreuen und mit Limettenhälften servieren.

SALATE

REISSALAT MIT KRÄUTERN UND ROTE-BETE-JOGHURT

Wer nach einem einfachen Salat-Rezept sucht, mit dem man viele hungrige Mäuler satt bekommt, hat es hiermit gefunden. Man kann jederzeit die Menge verdoppeln und das Ganze auf einer großen Platte zur Selbstbedienung anrichten. Man kann den Salat aber auch als Mittagessen mit zur Arbeit nehmen. Dabei einfach das Dressing separat transportieren. Das cremige, probiotische Minze-Rote-Bete-Dressing bildet den perfekten Kontrast zu dem knackigen Salat. Außerdem hat es eine himmlische Farbe. Schwarzer Reis liefert außerdem viele Antioxidanten und Vitamin E.

2 Portionen
Vorbereitungszeit: 10 Minuten
Kochzeit: 20 Minuten
Schwierigkeitsgrad: einfach

SALAT

30 g Sonnenblumenkerne
40 g Pinienkerne
40 g Mandeln
200 g schwarzer Reis, gespült
½ rote Zwiebel, fein gewürfelt
15 g Dill, gehackt
15 g Petersilie, gehackt
2 EL Kokos-Aminos-Würzsauce* oder eine Mischung aus Tamari, Ahornsirup und Apfelessig

ROTE-BETE-JOGHURT

250 g Kokosjoghurt*
45 g Rote Bete, geraspelt
½ Zitrone, Saft
1 EL frische Minze, fein gehackt

Eine antihaftbeschichtete Pfanne bei niedriger Hitze erwärmen. Die Kerne und Mandeln darin rösten, bis sie goldbraun sind. Beiseitestellen und abkühlen lassen.

Den schwarzen Reis zusammen mit 500 ml Wasser in einem Topf zum Kochen bringen, dann die Hitze zurückdrehen und köcheln lassen, bis alle Flüssigkeit aufgesogen ist. Beiseitestellen und abkühlen lassen.

Währenddessen Kokosjoghurt, Rote Bete und Zitronensaft im Mixer zu einer glatten Creme pürieren. Die gehackte Minze unterrühren. Den Rote-Bete-Joghurt auf 2 Teller verteilen.

Alle Zutaten für den Salat vermischen und auf dem Rote-Bete-Joghurt auf Tellern anrichten.

PIKANTER SALAT MIT THAILÄNDISCHEN KELP-NUDELN

Dieser Salat ist pikant und wunderbar cremig. Er ist eine frischere und leichtere Version des traditionellen Pad Thai und wird zusätzlich mit Miso aufgewertet. Miso, das aus Japan stammt, ist reich an probiotischen Bakterien, welche die Verdauung unterstützen. Außerdem liefert es hochwertiges, pflanzliches Vitamin B. In Verbindung mit den Ballaststoffen, Vitaminen und Mineralien aus dem frischen, knackigen Gemüse wird daraus ein äußerst gesunder, leckerer Salat.

2 Portionen
Vorbereitungszeit: 10 Minuten
Schwierigkeitsgrad: sehr einfach

SALAT

340 g Kelp-Nudeln*
100 g Karotten, gestiftelt
100 g rote Paprikaschote, gestiftelt
25 g Schnittlauch, gehackt
10 g Koriander
½ Tasse Miso-Sauce (siehe Seite 276)

ZUM SERVIEREN

115 g Cashewkerne, gehackt

Die Kelp-Nudeln in einer Schüssel mit kaltem Wasser einweichen, währenddessen den Rest zubereiten.

Eine antihaftbeschichtete Pfanne bei niedriger Hitze erwärmen. Die Cashewkerne darin leicht rösten. Beiseitestellen und abkühlen lassen.

Die Kelp-Nudeln abtropfen lassen, so dass keine Flüssigkeit übrigbleibt.

Alle Zutaten für den Salat in eine große Schüssel geben und mit der Miso-Sauce gründlich vermischen. Mit den gerösteten Cashewkernen bestreuen und servieren.

„CAESAR" SALAD MIT GEWÜRZ-KICHERERBSEN

In diesem Salat übernehmen Gewürz-Kichererbsen die Rolle der Croûtons im traditionellen Caesar Salad. Das reichhaltige Dressing wird durch eine Kombination von pflanzlichen Zutaten ersetzt, die aber nicht weniger lecker sind. Ich mache immer eine große Menge des Dressings, weil es als Mayonnaise-Ersatz auch perfekt zu allen anderen Salaten oder getoasteten Sandwiches passt. Der nährstoffreiche Kohl wird durch das Dressing schmackhaft eingebunden. Außerdem macht es Spaß, Grünkohl selbst zu ziehen. Wenn man ein paar Setzlinge einpflanzt, muss man so schnell nicht mehr zum Gemüsehändler.

2 Portionen
Vorbereitungszeit: 10 Minuten
Kochzeit: 10 Minuten
Schwierigkeitsgrad: einfach

SALAT

135 g Grünkohl, fein geschnitten
75 g Rotkohl, fein geschnitten
1 ½ Tassen Gewürz-Kichererbsen (siehe Seite 270)

DRESSING

125 ml pflanzlicher Milchersatz* (ich verwende Mandelmilch)
3 EL Tahini*
1 Zitrone, Saft
2 TL Ahornsirup*
1 TL Knoblauchpulver
1 Prise Salz

Alle Zutaten für das Dressing in einer Schüssel kräftig verrühren. Grün- und Rotkohl in einer anderen Schüssel vermengen und mit drei Vierteln des Dressings bedecken, gründlich mischen.

Die Gewürz-Kichererbsen über den Salat streuen und das restliche Dressing darüberträufeln.

SALAT MIT GEGRILLTEN ZUCCHINI, ERBSEN, MINZE & PARMESAN

Dieser Salat schmeckt so lecker und frisch, dass er meiner Meinung nach besonders gut zu Pizza passt. Ansonsten ist es einfach ein toller Salat für einen lauen Sommerabend, wenn man Lust auf etwas Leichtes, aber Sättigendes hat. Ich mache ihn auch gerne beim Campen, weil die über dem offenen Feuer gegrillten Zucchini und gerösteten Mandeln herrlich rauchig schmecken. Zucchini wachsen im Sommer sehr schnell, darum sollte man sie rechtzeitig pflanzen, dann hat man in den warmen Monaten immer reichlich davon im Garten.

2 Portionen
Vorbereitungszeit: 10 Minuten
Kochzeit: 20 Minuten
Schwierigkeitsgrad: einfach

SALAT

2 große Zucchini, der Länge nach in feine Scheiben gehobelt
80 g Mandeln
155 g frische Erbsen
10 g frische Minzeblättchen
1 EL Kapern
2 TL Zitronenschale

ZUM SERVIEREN

2 EL Kokos-Aminos-Würzsauce* oder eine Mischung aus Tamari, Ahornsirup und Apfelessig
½ Tasse Cashew-„Parmesan" (siehe Seite 272)

Eine große Grillpfanne bei mittlerer Hitze erwärmen und die Zucchinischeiben darin von beiden Seiten anbraten.

Die Mandeln hacken und in einer heißen Pfanne über dem Feuer oder in einer antihaftbeschichteten Pfanne bei mittlerer Hitze auf dem Herd rösten.

Zucchini, Erbsen, Minze, Kapern, geröstete Mandeln und Zitronenschale schichtweise auf einer Platte anrichten.

Mit Kokos Aminos beträufeln und mit Cashew-„Parmesan" bestreuen.

BLUMENKOHL MIT KURKUMA, GRANATAPFEL & KOKOS-DRESSING

Ich liebe es, mir neue Rezepte auszudenken, mit denen ich die entzündungshemmende Kurkuma in Gerichten, Drinks und eventuell sogar Desserts als natürliches Färbemittel zum Einsatz bringen kann. Dieser Salat ist inspiriert von den intensiven Geschmackserlebnissen und Farben von Gerichten aus dem Nahen Osten oder Indien, und der cremige Kokosjoghurt ist die perfekte Ergänzung dazu. Der Salat lässt sich wunderbar für mehrere Gäste auf einer großen Platte anrichten und ist ein farbenprächtiger Hingucker für jedes Menü.

2 Portionen als Beilage
Vorbereitungszeit: 10 Minuten
Kochzeit: 30 Minuten
Schwierigkeitsgrad: einfach

SALAT
1 TL Kreuzkümmelpulver
1 TL Kurkumapulver
1 TL Chilipulver
½ Zitrone, Saft
1 EL Kokos-Aminos-Würzsauce* oder eine Mischung aus Tamari, Ahornsirup und Apfelessig
750 g Blumenkohl
50 g Pinienkerne

DRESSING
125 g Kokosjoghurt*
½ TL Knoblauchpulver
2 TL Ahornsirup*
1 Zitrone, Saft

ZUM SERVIEREN
1 großer Granatapfel
1 Prise Kreuzkümmel
30 g glatte Petersilie

Den Ofen vorheizen auf 200 °C Umluft.

Gewürze, Zitronensaft und Kokos Aminos in einer Schüssel verrühren. Den Blumenkohl in Röschen zerteilen und in die Gewürzmischung geben. Alles gründlich vermischen, so dass der Blumenkohl davon bedeckt ist.

Ein Blech mit Backpapier auslegen. Die Blumenkohlröschen darauf verteilen und 30 Minuten im Ofen backen.

Eine antihaftbeschichtete Pfanne bei niedriger Hitze erwärmen und die Pinienkerne darin anrösten. Achtung: Sie können leicht anbrennen.

Die Zutaten für das Dressing vermischen.

Die Blumenkohlröschen mit großzügigen Klecksen des Dressings auf einer Platte verteilen. Die Kerne aus dem Granatapfel lösen und über den Salat streuen. Mit etwas gemahlenem Kreuzkümmel und den Petersilienblättchen garnieren.

CREMIGER KARTOFFELSALAT MIT DILL

Traditioneller Kartoffelsalat macht mich immer ein bisschen nostalgisch, deswegen wollte ich unbedingt eine vegane Vollwert-Lösung dafür entwickeln. Und ich finde, meine Variante schmeckt sogar noch besser als das Original. Der Salat schenkt ein wohliges Gefühl, und das würzige Senf-Dressing ist ganz einfach zu machen. In dieser Version habe ich die Kartoffeln gebacken, weil ich sie knusprig mag, man kann sie aber auch einfach kochen. Der Salat schmeckt jedem und eignet sich wunderbar als Beitrag für ein Grillfest.

2 Portionen
Vorbereitungszeit: 10 Minuten
Kochzeit: 30 Minuten
Schwierigkeitsgrad: einfach

SALAT

- 1 kg Kartoffeln, gewaschen und gewürfelt
- 1 rote Zwiebel, gewürfelt
- 30 g Frühlingszwiebeln, in Scheiben geschnitten
- 1 Handvoll frischer Dill, gehackt
- ½ Tasse geräucherter Kokos-„Speck" (siehe Seite 278)

DRESSING

- 125 ml pflanzlicher Milchersatz* (ich verwende Mandelmilch)
- 4 EL Tahini*
- 2 TL Miso*
- ½ TL Knoblauchpulver
- ½ Zitrone, Saft
- 1 EL süßer Senf

Den Ofen vorheizen auf 200 °C Umluft.

Ein Blech mit Backpapier auslegen, die Kartoffelwürfel darauf verteilen und 30 Minuten im Ofen backen, bis sie knusprig sind. Dann zum Abkühlen beiseitestellen.

Für das Dressing alle Zutaten außer dem Senf in den Mixer geben und pürieren, bis alles glatt ist. Man kann die Zutaten aber auch mit einer Gabel kräftig verrühren. Dann den Senf unterrühren, bis er sich gleichmäßig verteilt hat.

Die Kartoffeln und alle Zutaten für den Salat in eine Schüssel geben. Das Dressing darüber träufeln, gründlich vermischen und den Salat servieren.

SOMMERLICHER PASTASALAT

Das Tolle an diesem Salat ist, dass man drei der Hauptzutaten im eigenen Garten anbauen kann. So kann man immer wieder ernten und sich den Salat viele Male schmecken lassen. Ich habe mich in die Kombination von Spinat, Basilikum und Tomaten verliebt, als ich sie einmal von einer Freundin mit Gemüsegarten geschenkt bekam. Außerdem kann ich nur empfehlen, im Bioladen nach Fettuccine aus Mungbohnen zu suchen. Ich finde, es ist die leckerste glutenfreie Nudelvariante. Bei uns gibt es diesen Salat in den Sommermonaten, wenn die Tomaten reif sind und am meisten Geschmack haben.

2-4 Portionen
Vorbereitungszeit: 5 Minuten
Kochzeit: 10 Minuten
Schwierigkeitsgrad: sehr einfach

250 g Fettuccine, z.B. aus Mungbohnen*
225 g Kirschtomaten, gewürfelt
90 g Spinat, gehackt
30 g frisches Basilikum, gehackt
125 g Oliven, entkernt
½ Tasse Cashew-„Parmesan“ (Seite 272)
3 EL Kokos-Aminos-Würzsauce* oder eine Mischung aus Tamari, Ahornsirup und Apfelessig

Einen Topf mit Wasser zum Kochen bringen. Die Fettuccine hineingeben, die Hitze zurückschalten und 5-6 Minuten köcheln lassen. Abgießen und vorsichtig kaltes Wasser darüberlaufen lassen, bis sie kalt sind.

Alle anderen Zutaten unterrühren und sofort servieren.

Soll das Gericht vorgekocht und für später aufbewahrt werden, dann die Kokos-Aminos-Würzsauce erst direkt vor dem Servieren hinzufügen.

PIKANTER NUDELSALAT MIT INGWER & SESAM

Einmal wollte ich für eine Einladung einen Nudelsalat mitbringen und hatte keine Soba-Nudeln im Haus. In der Eile probierte ich das Rezept stattdessen mit Schwarze-Bohnen-Spaghetti aus, und es schmeckte sogar noch besser. Die Beschaffenheit der Nudeln ist einfach perfekt. Sie behalten ihre Form und die Reste des Salats sind auch am nächsten Tag noch lecker. Der Salat schmeckt äußerst intensiv und der Hauch von Gewürzen ist himmlisch.

2 Portionen
Vorbereitungszeit: 10 Minuten
Kochzeit: 10 Minuten
Schwierigkeitsgrad: einfach

DRESSING

1 EL Kokos-Aminos-Würzsauce* oder eine Mischung aus Tamari, Ahornsirup und Apfelessig
½ TL Knoblauchpulver*
1 EL Miso*
1 Zitrone, Saft und Schale
2 TL frischer Ingwer, gehackt

SALAT

1 EL weiße Sesamsamen
1 EL schwarze Sesamsamen
200 g Schwarze-Bohnen-Spaghetti*
100 g Zuckererbsen, der Länge nach halbiert
30 g Frühlingszwiebeln, in dünne Scheiben geschnitten
1 große rote Chili, gewürfelt
15 g Korianderblättchen

Eine antihaftbeschichtete Pfanne bei mittlerer Hitze erwärmen und die Sesamsamen darin rösten.

Die Zutaten für das Dressing in einer Schüssel verrühren.

1 l Wasser zum Kochen bringen. Die Spaghetti hineingeben und 8 Minuten köcheln lassen. Sobald sie fertig sind, abgießen und vorsichtig kaltes Wasser darüberlaufen lassen.

Die Spaghetti in eine große Salatschüssel geben und alle anderen Zutaten gründlich untermischen.

Soll der Salat transportiert werden, dann das Dressing separat aufbewahren und erst vor dem Servieren untermischen.

INSALATA CAPRESE MIT „MOZZARELLA"

Insalata Caprese besteht traditionell aus Mozzarellascheiben, Tomaten, Basilikum, Salz, Pfeffer und Olivenöl. Ich habe das Olivenöl durch Kokos Aminos ersetzt, was toll schmeckt, und den Büffelmozzarella durch meine pflanzliche Version (siehe Seite 260). Ein frischer Sommersalat mit Zutaten aus dem eigenen Gemüsegarten. Dabei ist die Qualität der Tomaten entscheidend für den Geschmack des Ganzen. Bio-Strauchtomaten sind am besten.

2 Portionen
Vorbereitungszeit: 5 Minuten
Schwierigkeitsgrad: sehr einfach

SALAT

225 g Kirschtomaten, halbiert
2 Strauchtomaten, in Scheiben geschnitten
15 g frisches Basilikum
90 g Oliven, entkernt
½ Tasse Cashew-„Mozzarella" (siehe Seite 260)

ZUM SERVIEREN

2 EL Kokos-Aminos-Würzsauce* oder eine Mischung aus Tamari, Ahornsirup und Apfelessig
1 TL frisch gemahlener schwarzer Pfeffer

Die Zutaten für den Salat auf 1 oder 2 Tellern anrichten.

Mit Kokos Aminos beträufeln und mit frisch gemahlenem Pfeffer bestreuen. Sofort servieren.

SÜSSKARTOFFEL-SALAT MIT MISO-HUMMUS

Süßkartoffeln sind ein erstaunliches Gemüse. Sie sind äußerst nährstoffreich und enthalten außerdem Vitamin C, Mangan, Kupfer und Vitamin B6 sowie Kalium und Vitamin A. Sie passen eigentlich zu jeder Mahlzeit und sind eine leckere, nahrhafte Bereicherung sowohl für Salate als auch für alle anderen Gerichte. Dieser Salat hier gehört schon lange zu meinen Lieblingsspeisen und ich mache ihn seit Jahren. Er lässt sich wunderbar mitnehmen, als Mittagessen oder als Salat zu einem Picknick am Strand. Egal wann und wo – er ist immer perfekt.

2–4 Portionen
Vorbereitungszeit: 10 Minuten
Kochzeit: 30 Minuten
Schwierigkeitsgrad: einfach

SÜSSKARTOFFELN

1 kg Süßkartoffeln, geschält und gewürfelt
1 Zitrone, Saft
1 EL Oreganoblättchen, frisch oder getrocknet
2 TL Knoblauchpulver

SALAT

140 g Rote Bete, geraspelt
40 g Rucola
125 g Oliven, entkernt

ZUM SERVIEREN

4 EL Miso-Hummus (siehe Seite 266)

Den Ofen vorheizen auf 220 °C Umluft.

Ein Blech mit Backpapier auslegen und die Süßkartoffelwürfel gleichmäßig darauf verteilen. Mit Zitronensaft beträufeln und mit Oregano und Knoblauchpulver bestreuen. Vorsichtig durchmischen, dann 30 Minuten im Ofen backen.

Die Zutaten für den Salat in einer großen Schüssel vermischen und die Süßkartoffeln unterheben. Mit einem großzügigen Klecks Hummus servieren.

FALAFEL-SALAT MIT EINGELEGTEN ZWIEBELN

Wenn bei uns Falafel übrigbleiben, dann zerkrümle ich sie und streue sie über einen Salat. Eigentlich kann man sich dann auch das Formen der Bällchen sparen und gleich Falafel-Streusel machen. Sie haben genauso viel Eiweiß und Geschmack wie traditionelle Falafel, sind aber noch knuspriger. Sie intensivieren den Geschmack eines Salates und machen ihn noch interessanter. Das Ganze lässt sich auch perfekt in einen Wrap packen und aus den Resten wird ein leckeres Mittagessen.

2 Portionen
Vorbereitungszeit: 10 Minuten
Kochzeit: 25 Minuten
Schwierigkeitsgrad: einfach

FALAFEL-STREUSEL
250 g Kichererbsen (aus der Dose), abgetropft und gespült
1 EL Tahini*
30 g Petersilie, fein gehackt
½ Zitrone, Saft
1 EL Kokos-Aminos-Würzsauce* oder eine Mischung aus Tamari, Ahornsirup und Apfelessig
½ TL gemahlener Kreuzkümmel
¼ TL Salz

SALAT
120 g Petersilie, grob gehackt
225 g Kirschtomaten, gewürfelt
60 g Oliven, entkernt
½ eingelegte Zwiebel (siehe Seite 264)

ZUM SERVIEREN
1 Tasse Miso-Hummus (siehe Seite 266)

Den Ofen vorheizen auf 200 °C Umluft und ein Blech mit Backpapier auslegen.

Die Kichererbsen mit einer Gabel zerdrücken und mit allen anderen Zutaten für die Falafel-Streusel gründlich vermischen.

Den Falafel-Teig auf dem Blech verteilen. 25 Minuten im Ofen backen, nach 10 Minuten durchmischen.

Sobald die Falafel-Streusel fertig sind, die Zutaten für den Salat auf 2 Teller verteilen, die Streusel darüberstreuen und mit einem großzügigen Klecks Hummus servieren.

GRÜNKOHL-SALAT MIT QUINOA & PIKANTEN KANDIERTEN WALNÜSSEN

Es ist inzwischen allgemein bekannt, dass Grünkohl reich an Nährstoffen wie Eisen und Kalzium ist. Außerdem wächst er wie verrückt, so dass man bereits mit wenigen Pflanzen im Garten immer knackige, grüne Blätter im Überfluss hat. Je feiner man den Kohl schneidet, umso besser wird er. Mit pikanten, salzigen und süßen Walnüssen, Quinoa und cremigem Bohnen-Pesto wird daraus der perfekte herzhafte Salat.

2 Portionen
Vorbereitungszeit: 10 Minuten
Kochzeit: 20 Minuten
Schwierigkeitsgrad: einfach

SALAT

200 g Quinoa, abgespült
500 ml Gemüsebrühe
4 EL Kokos-Aminos-Würzsauce* oder eine Mischung aus Tamari, Ahornsirup und Apfelessig
75 g Walnüsse, halbiert
90 g Grünkohl, Stängel entfernt
125 g Oliven, entkernt und halbiert
1 Zitrone, Saft

ZUM SERVIEREN

1 Tasse weißes Bohnen-Pesto (siehe Seite 262)
1 Zitrone, halbiert

Die Quinoa mit der Gemüsebrühe in einem Topf zum Kochen bringen. Die Hitze zurückschalten und köcheln lassen, bis die ganze Flüssigkeit aufgesogen ist. Zum Abkühlen beiseitestellen.

Eine antihaftbeschichtete Pfanne bei niedriger Hitze erwärmen, 2 EL Kokos Aminos hineingeben und die Walnüsse darin leicht rösten, bis die Flüssigkeit aufgesogen ist. Zum Abkühlen beiseitestellen.

Den Grünkohl in feine Streifen schneiden. Alle Zutaten für den Salat in eine Schüssel geben und mit Zitronensaft und restlichem Kokos Aminos beträufeln. Mit einer großzügigen Portion des weißen Bohnen-Pestos und Zitronenhälften servieren.

FRISCHER TACO-SALAT IN ESSBARER SCHÜSSEL

Diese knusprige, essbare Schüssel wird mit einem frischen, herzhaften Salat auf mexikanische Art gefüllt. Der Salat vereint leckeres Gemüse und viele bunte Farben und wird bei uns gemacht, wenn wir Lust auf etwas Frisches, Einfaches haben. Die essbare Schüssel ist ganz einfach herzustellen und macht das Ganze schön knusprig.

2 Portionen
Vorbereitungszeit: 10 Minuten
Kochzeit: 10 Minuten
Schwierigkeitsgrad: einfach

ESSBARE SCHÜSSEL
4 Mountain-Bread-Wraps oder andere Wraps
1 Zitrone oder Limette, halbiert

SALAT
süße Maiskörner von 1 Maiskolben
250 g schwarze Bohnen (aus der Dose), abgetropft und gespült
25 g frischer Koriander, gehackt, sowie extra zum Servieren
1 rote Paprikaschote, fein gewürfelt
75 g Rotkohl, fein aufgeschnitten
15 g Frühlingszwiebeln, in feine Scheiben geschnitten
2 EL Kokos-Aminos-Würzsauce* oder eine Mischung aus Tamari, Ahornsirup und Apfelessig
1 Avocado
1 Limette, halbiert

Den Ofen vorheizen auf 200 °C Umluft.

Je 2 Wraps in 2 runde ofenfeste Gefäße drücken. Dabei den zweiten Wrap versetzt auf den ersten legen, so dass die 4 Ecken in verschiedene Richtungen zeigen. Mit Zitronen- oder Limettensaft beträufeln und 10 Minuten im Ofen backen. Herausnehmen und zum Abkühlen beiseitestellen.

Eine antihaftbeschichtete Pfanne bei niedriger Hitze erwärmen. Darin die Maiskörner leicht anbräunen.

Alle Zutaten für den Salat außer der Avocado und der Limette in eine Schüssel geben und gründlich vermischen. Die Avocado in einer anderen Schüssel zerdrücken.

Den Salat auf die beiden essbaren Schüsseln verteilen und mit der zerdrückten Avocado garnieren. Etwas zusätzlichen Koriander darüberstreuen und mit Limettenhälften servieren.

HAUPTGERICHTE

ORIENTALISCH GEFÜLLTE AUBERGINEN

Als ich dieses Gericht das erste Mal für Frase kochte, war er überwältigt von seiner Geschmacksfülle. Der Aufwand ist zwar etwas größer als bei den anderen Gerichten in diesem Buch, aber das ist es wirklich wert. Das frische Joghurt-Kräuter-Dressing in Verbindung mit der pikanten, nussigen Füllung und der knusprigen Auberginenhaut ist einfach himmlisch. Am besten serviert man das Ganze direkt aus dem Ofen. Aber falls von der Füllung etwas übrigbleiben sollte, lässt sich diese wunderbar einfrieren oder zu leckeren Bällchen rollen und backen.

4 Portionen
Vorbereitungszeit: 10 Minuten
Kochzeit: 50 Minuten
Schwierigkeitsgrad: mittel

GEFÜLLTE AUBERGINEN

2 große Auberginen
200 g Blumenkohlröschen
300 g Pilze, in Scheiben geschnitten
50 g Walnüsse
1 Küchenzwiebel, gewürfelt
70 g getrocknete Cranberrys
½ TL Salz
1 ½ TL Kreuzkümmel

JOGHURT-DRESSING

185 g Kokosjoghurt*
1 EL frische Minze, gehackt
1 EL frischer Koriander, gehackt
½ Zitrone, Saft
1 TL Ahornsirup*
½ TL Knoblauchpulver

ZUM SERVIEREN

1 EL Koriander
1 EL Minze
1 Granatapfel, Kerne
2 EL Pinienkerne, geröstet
1 Limette, geviertelt

Den Ofen vorheizen auf 180 °C Umluft.

Die Auberginen der Länge nach halbieren, das Fleisch herauskratzen und für die Füllung aufbewahren. Die Auberginenhälften mit der Hautseite nach unten auf ein mit Backpapier ausgelegtes Blech legen. 20 Minuten im Ofen backen, währenddessen den Rest zubereiten.

Für die Füllung das Auberginenfleisch mit Blumenkohlröschen, Pilzen und Walnüssen im Mixer pürieren, bis das Ganze eine reisähnliche Konsistenz hat. Eine antihaftbeschichtete Pfanne bei niedriger Hitze erwärmen. Darin die Auberginen-Mischung mit Zwiebeln, Cranberrys, Salz und Kreuzkümmel vermischen und unter gelegentlichem Umrühren 20 Minuten anbraten.

Die Auberginenhäute aus dem Ofen nehmen und die gebratene Füllung darauf verteilen. Zurück in den Ofen schieben und weitere 30 Minuten backen.

In einer kleinen Schüssel die Zutaten für das Dressing kräftig verrühren.

Sobald die Auberginen fertig sind, mit dem Joghurt-Dressing beträufeln und mit frischen Kräutern, Granatapfelkernen und gerösteten Pinienkernen bestreuen. Mit Limettenspalten servieren.

BORSCHT MIT ROTEN BETEN UND DILL

Borscht ist eine traditionell osteuropäische Suppe. Ich habe sie etwas modernisiert, so dass sie nahrhaft und voller Geschmack ist. Rote Bete entgiftet, ist äußerst nährstoffreich und außerdem sehr vielseitig. Allein diese Farbe! Irgendwie fühle ich mich immer tugendsam, wenn ich diese Suppe mache. Eine gute Gelegenheit, Frühlingsgemüse zu verwerten. Und eine wärmende Suppe ist hier bei uns im Südlichen Victoria eine tolle Sache, wenn es am Morgen immer noch empfindlich kühl ist.

4 Portionen
Vorbereitungszeit: 10 Minuten
Kochzeit: 45 Minuten
Schwierigkeitsgrad: einfach

SUPPE

1 Küchenzwiebel, gehäutet und gewürfelt
1 EL frischer Ingwer, gehackt
1 l Gemüsebrühe
700 g Rote Bete, geschält und gewürfelt
250 g Pastinake, geputzt und gewürfelt
250 g weiße Bohnen (aus der Dose), abgetropft und gespült
15 g frischer Dill, fein gehackt
2 EL Apfelessig*
2 EL Kokos-Aminos-Würzsauce* oder eine Mischung aus Tamari, Ahornsirup und Apfelessig

ZUM SERVIEREN

1 EL frischer Dill, gehackt
2 EL Kokosjoghurt*

Einen großen Topf bei niedriger Hitze erwärmen. Zwiebeln und Ingwer mit einem Schuss Gemüsebrühe darin schmoren, bis sie durchscheinend sind.

Alle anderen Zutaten für die Suppe, außer Kokos Aminos, hinzufügen. Kräftig verrühren, zum Kochen bringen, dann die Hitze reduzieren und 40 Minuten köcheln lassen, bis die Roten Beten und die Pastinaken weich sind.

Den Herd ausschalten und die Kokos-Aminos-Würzsauce hinzufügen.

Mit einem Pürierstab die Suppe zu der gewünschten Konsistenz pürieren.
Mit extra Dill bestreuen und mit Kokosjoghurt servieren.

PASTA MIT PILZBÄLLCHEN

Gibt es bei euch gerade Pilze im Überfluss? Mit diesen Pilzbällchen kann man sie wunderbar verwerten. Das hier ist das Rezept für äußerst leckere „Hackbällchen" – aber ohne Fleisch. Sie passen auch gut zu Nudeln. Ich verwende gerne Fettuccine aus Mungbohnen oder Penne aus Naturreis. Selbst mit Zucchini-Nudeln funktioniert es wunderbar. Aus demselben Teig lassen sich außerdem in größeren Portionen Pattys für herzhafte Burger zubereiten. Dazu passt ein bunter Salat.

2–4 Portionen (etwa 20 Bällchen)
Vorbereitungszeit: 20 Minuten
Kochzeit: 30 Minuten
Schwierigkeitsgrad: mittel

PILZBÄLLCHEN

350 g Pilze, fein gehackt
1 Küchenzwiebel, gehäutet und fein gewürfelt
75 g Walnüsse
20 g Nährhefe*
1 TL Chiliflocken
60 g Petersilie, grob gehackt
1 Prise Salz

SAUCE

400 g Tomatenstücke (aus der Dose)
2 EL Petersilie, gehackt
1 Knoblauchzehe, gehackt
1 EL Kokos-Aminos-Würzsauce* oder eine Mischung aus Tamari, Ahornsirup und Apfelessig

ZUM SERVIEREN

200 g Fettuccine, z.B. aus Mungbohnen*
2 EL Cashew-„Parmesan" (siehe Seite 272)
1 EL frische Oreganoblättchen

Den Ofen vorheizen auf 200 °C Umluft. Eine antihaftbeschichtete Pfanne bei mittlerer Hitze erwärmen. Pilze und Zwiebel unter häufigem Rühren in der Pfanne anbraten, bis der Großteil der Flüssigkeit verkocht ist, dann beiseitestellen. Walnüsse, Nährhefe, Chiliflocken, Petersilie und Salz in den Mixer geben und kurz zerkleinern, dann Pilze und Zwiebeln hinzufügen und ebenfalls kurz zerkleinern, bis sich die Mischung gut verbindet und beginnt, aneinander zu haften.

Ein Blech mit Backpapier auslegen, aus der Teigmischung 2–3 cm große Bällchen formen und gleichmäßig auf dem Blech verteilen. Im Ofen 25 Minuten backen.

Die Zutaten für die Sauce in einer antihaftbeschichteten Pfanne einige Minuten köcheln lassen, dann die Pilzbällchen hineingeben. Einige Minuten weiterköcheln lassen.

In einem Topf Wasser zum Kochen bringen und die Fettuccine hineingeben. Die Hitze zurückdrehen und 6 Minuten köcheln lassen, dann abgießen.

Die Fettuccine mit Tomatensauce und Pilzbällchen anrichten, großzügig mit Cashew-„Parmesan" und Oregano bestreuen und servieren.

KÜRBIS-KICHERERBSEN-CURRY MIT KOKOS-BLUMENKOHL-„REIS"

An einem kalten Winterabend, wenn man sich nach einem nahrhaften, warmen Essen sehnt, ist dieses Curry die perfekte Lösung. Die Farbe und das Geschmackserlebnis des Kokos-Blumenkohls, das cremige, scharfe Curry und der leckere, gebratene Kürbis sind einfach herrlich. Außerdem kommen noch die entzündungshemmende Kurkuma hinzu sowie Ballaststoffe und gesunde, pflanzliche Fette, die den Körper nähren.

2 Portionen
Vorbereitungszeit: 10 Minuten
Kochzeit: 40 Minuten
Schwierigkeitsgrad: mittel

KÜRBIS

500 g Kürbis, in Spalten geschnitten
1 EL Kokos-Aminos-Würzsauce* oder eine Mischung aus Tamari, Ahornsirup und Apfelessig
1 Prise Salz

GERÖSTETER BLUMENKOHL-„REIS"

80 g Cashewkerne
400 g Blumenkohl
15 g Kokosraspel

KICHERERBSEN-CURRY

1 Küchenzwiebel, gewürfelt
2 Knoblauchzehen, gehackt
225 g Kirschtomaten
2 TL Kurkuma, gemahlen
2 TL Kreuzkümmel, gemahlen
2 TL Garam Masala, gemahlen
½ TL Chiliflocken
250 g Kichererbsen (aus der Dose), abgetropft und gespült
250 ml Kokosmilch
¼ TL Salz
1 Zitrone, Saft
15 g Koriander
45 g Spinat

Den Ofen vorheizen auf 180 °C Umluft. Den Kürbis auf einem mit Backpapier ausgelegten Blech verteilen und mit Kokos Aminos und Salz vermengen. 40 Minuten im Ofen backen, währenddessen den Rest zubereiten.

Cashewkerne und Blumenkohlröschen im Mixer zerkleinern, bis das Ganze eine reisähnliche Konsistenz hat. Die Kokosraspel unterrühren. Auf einem zweiten, mit Backpapier ausgelegten Blech verteilen und 20 Minuten im Ofen backen. Dabei nach 10 Minuten durchmischen und nochmals 10 Minuten backen.

Für die Curry-Sauce Zwiebeln, Knoblauch, Kirschtomaten, Gewürze und Chili im Mixer pürieren, bis eine Sauce entstanden ist.

Eine antihaftbeschichtete Pfanne bei niedriger Hitze erwärmen. Die Curry-Sauce hineingeben und kräftig rühren, etwa 5 Minuten köcheln lassen. Dann Kichererbsen und Kokosmilch hinzufügen. Köcheln lassen, bis das Curry eindickt. Salz und einen Spritzer Zitronensaft hinzufügen. Dann den Herd ausschalten und frischen Koriander und Spinat unterrühren.

Kürbis, Kokos-Blumenkohl-„Reis" und Curry auf 2 Teller verteilen und genießen.

PERFEKTE PASTA MIT PESTO

Pesto mit Pasta ist eines meiner Lieblingsgerichte, die ich immer essen kann. Ob das an einem Sonntagabend ist, wenn man von einem auswärts verbrachten Wochenende wieder heimkommt, oder ob man unter der Woche ein superschnelles leckeres Essen braucht – es ist immer ein Hit. Meistens koche ich diese Variante mit Fettuccine aus Mungbohnen, weil ich sie einfach so gerne mag. Aber heutzutage gibt es im Bio-Laden ja ganz viele glutenfreie Alternativen. Ich habe welche aus schwarzen Bohnen, Mungbohnen, Edamame, Naturreis und Sojabohnen probiert. Man kann das Pesto auch jederzeit im Voraus machen und portionsweise einfrieren, falls das Basilikum gerade besonders üppig wächst.

2 Portionen
Vorbereitungszeit: 10 Minuten
Kochzeit: 10 Minuten
Schwierigkeitsgrad: einfach

PASTA

200 g Fettuccine, z.B. aus Mungbohnen*

PESTO

1 Tasse Cashew-„Parmesan“ (siehe Seite 272)
100 g frisches Basilikum
4 EL Kokos-Aminos-Würzsauce* oder eine Mischung aus Tamari, Ahornsirup und Apfelessig
1 TL Zitronenschale

ZUM SERVIEREN

2 EL Pinienkerne, geröstet
1 EL frische Basilikumblättchen

In einem Topf Wasser zum Kochen bringen, die Nudeln hineingeben und 5–10 Minuten köcheln lassen.

Die Zutaten für das Pesto im Mixer pürieren. Wer das Pesto in freier Wildbahn zubereiten möchte, wo es keinen Mixer gibt, der kann auch einfach das Basilikum fein hacken und mit den anderen Zutaten in einer Schüssel verrühren.

Sobald die Pasta fertig ist, abgießen und mit dem Pesto vermischen. Vor dem Servieren mit gerösteten Pinienkernen und frischem Basilikum bestreuen.

RISOTTO MIT PILZEN, ZITRONE & THYMIAN

Ich muss gestehen, dass ich Risotto eigentlich nicht mochte, ehe ich dieses cremige, wohlschmeckende Gericht selbst kochte. Oft ist es mir zu salzig und zu mächtig. Mit der Zitrone schaffe ich ein Gegengewicht zu dem „Käse"-Geschmack. Das Ergebnis ist absolut lecker und der gebackene Kürbis passt perfekt dazu. Ein einfaches, warmes Mahl, das Körper und Geist nährt. Ich verwende in diesem Rezept einen weichen, gebackenen Kürbis, aber man kann stattdessen auch je nach Saison Süßkartoffeln oder Ofentomaten verwenden, um das Geschmackserlebnis zu steigern.

2 Portionen
Vorbereitungszeit: 5 Minuten
Kochzeit: 30 Minuten
Schwierigkeitsgrad: mittel

RISOTTO

220 g Kürbis, geschält und gewürfelt
1 Küchenzwiebel, in feine Scheiben geschnitten
4 Knoblauchzehen, gehackt
1 l Gemüsebrühe
220 g Naturreis
1 Zitrone, Saft und Schale
2 EL frischer Thymian
270 g Pilze, in Scheiben geschnitten

ZUM SERVIEREN

1 EL Pinienkerne
2 EL Cashew-„Parmesan" (siehe Seite 272)
1 EL frischer Thymian

Den Ofen vorheizen auf 180 °C Umluft.

Die Kürbisstücke auf einem mit Backpapier ausgelegten Blech verteilen und 30 Minuten im Ofen backen.

Zwiebel und Knoblauch mit einem Schuss Gemüsebrühe in einem großen Topf schmoren, bis sie durchscheinend sind. Den Reis hinzufügen und kräftig rühren, dann die restliche Gemüsebrühe dazugießen. Zum Kochen bringen, dann die Hitze zurückdrehen und 30 Minuten köcheln lassen, bis alle Flüssigkeit aufgesogen ist. Die Hälfte von Zitronensaft, -schale, Thymian und Kürbis untermischen. Kräftig rühren, dann den Herd abdrehen. Zudecken, um das Risotto warmzuhalten.

In einer antihaftbeschichteten Pfanne die Pilze mit dem restlichen Zitronensaft und Thymian schmoren, bis sie braun sind. Das Risotto auf 2 Schälchen verteilen und mit den Pilzen, dem restlichen Kürbis und der restlichen Zitronenschale anrichten. Dann mit Pinienkernen, Cashew-„Parmesan" und etwas Thymian servieren.

CREMIGE KOKOS-POLENTA MIT BALSAMICO-GEMÜSE

Manchmal braucht man einfach etwas, das schnell fertig ist, satt macht und lecker schmeckt. Wenn man nach einer langen Wanderung oder einem Tag am Strand zu seinem Zelt zurückkehrt, ist genau die richtige Gelegenheit für dieses Gericht. Ein einfaches Essen, dem eine köstliche Balance zwischen süß und herzhaft, mexikanisch und italienisch gelingt. Man braucht dafür keine exotischen Zutaten und es ist jederzeit auch als Beilage zu einem Salat geeignet. Außerdem schmecken Polenta-Reste am nächsten Tag gebraten mit Baked Beans als Frühstück (siehe Seite 46) oder mit Avocado und Sauerkraut ganz wunderbar.

2 Portionen
Vorbereitungszeit: 10 Minuten
Kochzeit: 30 Minuten
Schwierigkeitsgrad: einfach

BALSAMICO-GEMÜSE

150 g Pilze, in dünnen Scheiben
150 g rote Paprikaschote, in dünnen Scheiben
100 g Zucchini, in dünnen Scheiben
60 g Oliven, entkernt
45 g Basilikum, gehackt
60 ml Balsamicoessig
1 TL Knoblauchpulver

POLENTA

150 g Polenta
250 ml Kokosmilch
500 ml Wasser
1 Zitrone, Saft und Schale

ZUM SERVIEREN

1 EL frisches Basilikum, gehackt
1 EL Balsamicoessig
1 TL Zitronenschale

Die Zutaten für das Balsamico-Gemüse in eine Schüssel geben, kräftig vermischen und beiseitestellen.

Die Zutaten für die Polenta in einen Topf geben und gründlich verrühren. Bei niedriger Hitze langsam kochen, dabei regelmäßig umrühren, um Klumpen zu vermeiden.

Das Balsamico-Gemüse in einen Topf geben und bei niedriger Hitze kochen, dabei gelegentlich umrühren.

Die fertige Polenta in eine antihaftbeschichtete Pfanne gießen und bei mittlerer Hitze etwas anbraten.

Die Polenta mit dem Balsamico-Gemüse anrichten und mit frischem Basilikum, Balsamico und Zitronenschale servieren.

PASTA ALFREDO MIT PILZEN & PETERSILIE

Dieses Nudelgericht ist der Inbegriff des Wohlfühlessens. Die Pasta, die ich verwende, findet man im Bio-Laden, aber auch jede andere Sorte funktioniert. Damit die Sauce schön cremig wird, muss man die Cashewkerne möglichst lange einweichen. Bis zu 8 Stunden in kaltem Wasser sind ideal. Aber in der Realität sieht es wohl eher so aus, dass man sich spontan für das Gericht entscheidet und keine Zeit mehr für lange Vorbereitungen hat. Dann kann man die Cashewkerne auch mit kochendem Wasser übergießen und nur 10 Minuten einweichen. So sind sie immerhin weich genug, dass man sie zu einer Creme pürieren kann. Vorher unbedingt gut abgießen.

2 Portionen
Vorbereitungszeit: 10 Minuten (+ Einweichzeit)
Kochzeit: 20 Minuten
Schwierigkeitsgrad: einfach

SAUCE
155 g Cashewkerne
250 ml Gemüsebrühe
1 EL Zitronensaft
1 TL Knoblauchpulver
20 g Nährhefe*
½ TL Salz
60 g Petersilie, fein gehackt

PASTA
250 g Pilze, in Scheiben geschnitten
200 g Fettuccine, z.B. aus Mungbohnen*

ZUM SERVIEREN
1 EL Petersilie, gehackt

500 ml Wasser kochen, über die Cashewkerne gießen und einweichen lassen, während der Rest zubereitet wird.

Eine große, antihaftbeschichtete Pfanne erhitzen und die Pilze darin anbraten, bis sie durch sind. Beiseitestellen.

Die Cashewkerne abgießen und spülen. Zusammen mit allen anderen Zutaten für die Sauce (außer der Petersilie) im Mixer pürieren, bis das Ganze glatt und cremig ist. Dann die gehackte Petersilie hinzufügen und gründlich unterrühren.

Einen Topf Wasser zum Kochen bringen. Die Fettuccine hineingeben, die Hitze zurückdrehen und 5-8 Minuten köcheln. Abgießen und in eine Schüssel geben. Mit der Sauce und den gebratenen Pilzen verrühren. Mit Petersilie bestreuen und sofort servieren.

GEMÜSE-WRAPS MIT WEISSEM BOHNEN-PESTO

Als ich in einem Büro gearbeitet habe, habe ich mir diese Wraps fast jeden Tag als Mittagessen mitgebracht. Ich habe dafür am Anfang der Woche immer eine große Portion Ofengemüse zubereitet. Und dann habe ich mir in einem Behälter Gemüse, Pesto und frische Salatblätter sowie einige Mountain-Bread-Fladenbrote mitgenommen. Um das Ganze frisch zu genießen, ist es entscheidend, Füllung und Brot bis zum Verzehr separat aufzubewahren. Am liebsten toaste ich das Brot nach Möglichkeit zuvor noch, aber es ist auch so sehr lecker. Man kann das Brot auch einfach weglassen und das Ganze als Salat aus einer großen Schüssel verspeisen.

4 Wraps
Vorbereitungszeit: 10 Minuten
Kochzeit: 35 Minuten
Schwierigkeitsgrad: einfach

OFENGEMÜSE

150 g Rote Bete, gewürfelt
150 g Süßkartoffeln, gewürfelt
1 EL Kokos-Aminos-Würzsauce* oder eine Mischung aus Tamari, Ahornsirup und Apfelessig
¼ TL Salz
¼ TL Knoblauchpulver

ZUM SERVIEREN

8 Mountain-Bread-Fladenbrote oder andere Wraps
½ Tasse weißes Bohnen-Pesto (siehe Seite 262)
20 g Rucola
75 g Tomaten, gewürfelt
1 Avocado, gewürfelt

Den Ofen vorheizen auf 200 °C Umluft. Ein Blech mit Backpapier auslegen.

Die Rote-Bete- und Süßkartoffelwürfel darauf verteilen, mit Kokos Aminos beträufeln und mit Salz und Knoblauchpulver bestreuen. Im Ofen 30 Minuten rösten.

Einen Sandwichtoaster oder eine antihaftbeschichtete Pfanne bei mittlerer Hitze erwärmen.

Für die Wraps je 2 Fladenbrote aufeinanderlegen und mit Pesto bestreichen. Rucola, Tomate und Avocado in der Mitte der Länge nach darauf verteilen. Zwei gegenüberliegende Seiten nach innen klappen und aufrollen, so dass die ganze Füllung eingerollt ist. In den Sandwichtoaster geben oder in einer antihaftbeschichteten Pfanne mit dem Pfannenwender andrücken. Von beiden Seiten ein paar Minuten rösten. Halbieren und servieren.

ZUCCHINI-KÜRBIS-SCHNITTEN

Diese Schnitte schmeckt genauso nostalgisch wie die traditionelle Version, aber sie ist komplett pflanzlich und vollwertig. In diesem einfachen Rezept werden Eier und Mehl durch herzhaftes Kichererbsenmehl ersetzt (das manchmal auch Besan-Mehl genannt wird). Die Nährhefe, die man im Bioladen findet, verleiht dem Ganzen eine feine Käse-Note. Ich finde die Schnitten mit Paprikaschoten und Kürbis besonders lecker, aber man kann auch nach Geschmack anderes Gemüse verwenden. Je bunter, desto besser!

4 Portionen
Vorbereitungszeit: 10 Minuten
Kochzeit: 45 Minuten
Schwierigkeitsgrad: einfach

SCHNITTEN
110 g Kichererbsenmehl*
60 g Nährhefe*
75 g Tapiokamehl
2 TL gekörnte Gemüsebrühe
1 TL Backpulver
1 TL Knoblauchpulver
1 Küchenzwiebel, gewürfelt
½ rote Paprikaschote, fein gewürfelt
135 g Zucchini, geraspelt
155 g Kürbis, geschält und fein gewürfelt
1 EL Cashew-„Parmesan“ (siehe Seite 272)

ZUM SERVIEREN
1 EL Petersilie, gehackt
Cashew-„Parmesan“ (siehe Seite 272)

Den Ofen vorheizen auf 180 °C Umluft.

Eine mittelgroße Auflaufform mit Backpapier auslegen.

Alle trockenen Zutaten in eine Schüssel geben. 85 ml Wasser und Gemüse hinzufügen und gründlich vermengen.

Den Teig in die Auflaufform gießen, mit Cashew-„Parmesan“ bestreuen und 45 Minuten im Ofen backen, bis das Ganze gebräunt ist.

Aus dem Ofen nehmen und mindestens 30 Minuten abkühlen lassen. Erst dann in Stücke schneiden.

Mit Petersilie und Cashew-„Parmesan“ bestreuen und servieren.

GEFÜLLTE SÜSSKARTOFFELN AUF MEXIKANISCHE ART

In diesem Rezept verwende ich 3 verschiedene Arten von Süßkartoffeln: orange, violett und weiß. Die unterschiedlichen Farben sorgen dafür, dass jede ihre ganz eigenen gesundheitlichen Vorteile hat, aber alle sind reich an Ballaststoffen und Kohlehydraten. Man kann alle Arten von Süßkartoffeln verwenden – je nachdem, was auf dem Bauernmarkt gerade erhältlich ist. Die mexikanisch inspirierte, farbenfrohe Füllung passt auch sehr gut zu Tacos.

4 Portionen
Vorbereitungszeit: 10 Minuten
Kochzeit: 60 Minuten
Schwierigkeitsgrad: einfach

SÜSSKARTOFFELN

2 kg Süßkartoffeln (unterschiedliche Sorten)
1 Maiskolben, gekocht
1 rote Paprikaschote, gewürfelt
1 Avocado, in Scheiben geschnitten
15 g Korianderblättchen
250 g schwarze Bohnen (aus der Dose), abgetropft und gespült

ZUM SERVIEREN

1 TL geräuchertes Paprikapulver*
1 Tasse Tahini-Sauce (siehe Seite 274)
1 Limette, halbiert

Den Ofen vorheizen auf 180 °C Umluft. Ein Blech mit Backpapier auslegen.

Die Süßkartoffeln leicht einritzen und im Ofen etwa 60 Minuten backen, bis sie durch sind. Sobald sie fertig sind, den Ofen ausschalten und weitere 10 Minuten im Ofen ruhen lassen, bis sie weich sind.

Die Süßkartoffeln der Länge nach halbieren.

Die Maiskörner aus dem Kolben lösen und zusammen mit Paprika, Avocado, Koriander und schwarzen Bohnen auf den Süßkartoffelhälften verteilen. Mit Paprikapulver bestäuben und mit Tahini-Sauce und Limettenhälften servieren.

BURGER AUS SCHWARZEN BOHNEN & ROTEN BETEN

Diese Burger sind ein Highlight für alle Fans von Roten Beten. Mit dem farbenfrohen Belag sind sie genauso lecker wie traditionelle Burger. Die Pattys lassen sich gut einfrieren oder auch als Reste wunderbar weiterverwerten. So kann man sie zum Beispiel zerkleinert in Salate oder Wraps mischen oder darauf Hummus, Sauerkraut und frische Kräuter wie für ein belegtes Brot anrichten. Ich liebe den Kontrast von knusprigem Patty, cremiger Avocado und leckerem geräucherten Kokos-„Speck" (siehe Seite 278). Und das Schöne ist, dass jeder nach Geschmack seinen Lieblingsbelag wählen kann.

4 Burger
Vorbereitungszeit: 10 Minuten
Kochzeit: 25 Minuten
Schwierigkeitsgrad: mittel

PATTYS

100 g Quinoa
30 g Nährhefe*
2 TL Kreuzkümmel, gemahlen
2 TL geräuchertes Paprikapulver*
1 Prise Salz
500 g schwarze Bohnen (aus der Dose), abgetropft und gespült
210 g Rote Bete, geschält und geraspelt
1 rote Zwiebel, fein gewürfelt

ZUM SERVIEREN

1 Avocado
1 Limette, Saft
25 g Spinat
1 reife Tomate, in Scheiben geschnitten
½ Tasse eingelegte Zwiebeln (siehe Seite 264)
½ Tasse geräucherter Kokos-„Speck" (siehe Seite 278)
1 TL Sesamsamen

Den Ofen vorheizen auf 200 °C Umluft.

Die trockenen Zutaten für die Pattys im Mixer zerkleinern, bis ein grobes Mehl entstanden ist. Das Mehl in einer Schüssel mit schwarzen Bohnen, Roten Beten und Zwiebeln verrühren. Gründlich vermischen und leicht zerdrücken, bis sich das Ganze gut verbunden hat und aneinander haftet.

Ein großes Blech mit Backpapier auslegen und aus dem Teig 8 Pattys formen. Gleichmäßig auf dem Blech verteilen und mit einem Pfannenwender leicht andrücken.

20 Minuten im Ofen backen. Die Pattys wenden und weitere 5 Minuten backen.

Die Avocado grob zerdrücken und mit dem Limettensaft vermischen.

Für die Burger einen Patty mit Spinat, Tomate, Avocado, eingelegten Zwiebeln und Kokos-„Speck" belegen, darauf einen zweiten Patty legen und mit Sesamsamen bestreuen. Mit den anderen Pattys ebenso verfahren.

EINFACHE GEMÜSEPFANNE

Gemüsereste im Kühlschrank inspirieren mich meistens zu diesem Gericht. Auf diese Weise wird alles verwendet und nichts verdirbt. Je mehr verschiedene Sorten, umso besser. Mein Tipp für das perfekte Pfannengemüse: den Herd rechtzeitig abdrehen, ehe das Gemüse zu weich wird. Das Ganze sollte immer noch schön knackig sein. Um es für mehrere hungrige Mäuler etwas ergiebiger zu machen, kann man es mit gekochtem Naturreis, Quinoa oder dem leckeren Blumenkohl-„Reis" (siehe Seite 124) servieren.

2 Portionen
Vorbereitungszeit: 10 Minuten
Kochzeit: 15 Minuten
Schwierigkeitsgrad: einfach

PFANNENGEMÜSE

3 Knoblauchzehen, gehackt
1 EL frischer Ingwer, gehackt
½ TL Chilipulver
½ TL Kurkumapulver
1 EL Miso*
2 EL Kokos-Aminos-Würzsauce* oder eine Mischung aus Tamari, Ahornsirup und Apfelessig
225 g Champignons, in Scheiben geschnitten
1 rote Paprikaschote, gewürfelt
120 g Brokkoli, gehackt
55 g Rotkohl, klein geschnitten

ZUM SERVIEREN

2 EL Mandeln, geröstet und gehackt
2 EL Sesamsamen

Eine antihaftbeschichtete Pfanne bei mittlerer Hitze erwärmen.

Knoblauch, Ingwer, Chilipulver, Kurkuma, Miso und Kokos Aminos in einer Schüssel verrühren. Die Pilze hineingeben und darin wenden, so dass sie von der Mischung bedeckt sind. In die Pfanne geben und braten, bis sie weich sind. Dann Paprika und Brokkoli dazugeben und unter ständigem Rühren braten.

Wenn das ganze Gemüse durch ist, den Herd ausschalten, den Rotkohl unterheben und nochmals gründlich verrühren.

Das Pfannengemüse auf 2 Teller verteilen, mit Mandeln und Sesam bestreuen und servieren.

LASAGNE MIT SÜSSKARTOFFELN & AUBERGINE

Jahrelang habe ich daran gearbeitet, dieses Rezept zu perfektionieren. Meine Herausforderung dabei war es, die perfekte Lasagne zu kreieren, deren Zubereitung nicht stundenlang dauert und die herzhaft, wärmend und vor allem lecker ist. Entscheidend bei diesem Gericht ist - wie so oft - die Qualität seiner Zutaten. Ich achte immer darauf, nur Bio-Tofu zu kaufen, was heutzutage kein Problem sein dürfte. Beim Gemüse sind immer die Sorten am aromatischsten, die gerade Saison haben. Man kann fein geschnittene Zucchini, Kürbisse oder Pilze verwenden.

4 Portionen
Vorbereitungszeit: 30 Minuten
Kochzeit: 1 ½ Stunden
Schwierigkeitsgrad: einfach

400 g Tomatenstücke (aus der Dose)
2 Knoblauchzehen, gehackt
300 g fester Tofu*, gehackt
2 EL Miso*
20 g Nährhefe*
1 Zitrone, Saft
1 TL frisch gemahlener schwarzer Pfeffer
30 g Basilikum, fein gehackt
1 kleine Aubergine, in feine Scheiben geschnitten
1 kleine Süßkartoffel, in feine Scheiben geschnitten
¼ Tasse Cashew-„Parmesan" (siehe Seite 272)

Den Ofen vorheizen auf 180 °C Umluft.

Tomaten und Knoblauch in einem kleinen Topf vermischen und zum Kochen bringen. Die Hitze reduzieren und unter gelegentlichem Rühren köcheln lassen, bis die Sauce eindickt. Beiseitestellen.

In einer Schüssel Tofu, Miso, Nährhefe, Zitronensaft, Pfeffer und Basilikum gründlich vermischen.

Die Hälfte der Tomatensauce auf dem Boden einer Auflaufform verteilen. Darauf eine Lage Aubergine schichten, gefolgt von einer Lage Tofu, gefolgt von einer Lage Süßkartoffel. Den Vorgang wiederholen. Abschließend das Ganze großzügig mit Cashew-„Parmesan" bestreuen.

Mit Alufolie abdecken und 40 Minuten im Ofen backen. Die Folie entfernen und weitere 30-40 Minuten im Ofen backen.

BUNTER BLUMENKOHL-„REIS"

Fein gehackter oder geriebener Blumenkohl ähnelt Reis so sehr, dass man auf diese Weise ganz elegant noch mehr Gemüse auf den Teller schmuggeln kann. Mit am liebsten mag ich ihn als klassischen gebratenen Reis. Dazu kombiniere ich Berge von farbenfrohem, knackigem Gemüse und einen großzügigen Schuss Kokos Aminos für noch mehr Geschmack. Eine äußerst nahrhafte Möglichkeit, den guten alten gebratenen Reis aufzupeppen.

2 Portionen
Vorbereitungszeit: 10 Minuten
Kochzeit: 20 Minuten
Schwierigkeitsgrad: mittel

BLUMENKOHL-„REIS"
400 g Blumenkohl
155 g Cashewkerne
1 Küchenzwiebel, gewürfelt
2 Knoblauchzehen, gehackt
80 g Edamame oder Erbsen
½ rote Paprikaschote, gewürfelt
30 g Frühlingszwiebeln, in Scheiben geschnitten
2 EL Tamari*

ZUM SERVIEREN
45 g Rotkohl, fein geschnitten
7 g Korianderblättchen
1 EL Kokos-Aminos-Würzsauce* oder eine Mischung aus Tamari, Ahornsirup und Apfelessig

Den Blumenkohl in Röschen zerteilen und zusammen mit den Cashewkernen in den Mixer geben. Zerkleinern, bis eine reisähnliche Konsistenz erreicht ist. Beiseitestellen.

Eine antihaftbeschichtete Pfanne bei niedriger Hitze erwärmen. Zwiebel und Knoblauch darin anbraten, bis sie durchscheinend sind.

Die Blumenkohl-Mischung zusammen mit Edamame, Paprika und Frühlingszwiebeln ebenfalls in die Pfanne geben und einige Minuten anbraten. Dann die Tamari hinzufügen und gründlich vermischen. Unter häufigem Rühren 10 Minuten weiterbraten.

Wenn das Ganze fertig ist, den Herd ausschalten und Kohl und Koriander unterheben und kräftig mischen. Direkt vor dem Servieren großzügig mit Kokos Aminos beträufeln.

GEMÜSESUPPE MIT CURRY

Dort, wo wir leben, ist es im Herbst und Frühling oft recht frisch. Eine reichhaltige, herzhafte Suppe passt wunderbar für diese kühlen Tage. Das hier ist mein ultimatives Suppen-Lieblingsrezept! Es überzeugt sowohl geschmacklich als auch durch seine farbenfrohe Optik. Gemüse, Kokos und Gewürze ergänzen sich perfekt in dieser Suppe. Außerdem ist sie so dick, dass man sie mit Naturreis und etwas Kokosjoghurt und Koriander wie ein Curry servieren kann.

4 Portionen
Vorbereitungszeit: 10 Minuten
Kochzeit: 50 Minuten
Schwierigkeitsgrad: mittel

OFENGEMÜSE

1 kg Moschus-Kürbis, geschält und gewürfelt
2 EL Kokos-Aminos-Würzsauce* oder eine Mischung aus Tamari, Ahornsirup und Apfelessig
1 rote Paprikaschote, gewürfelt
1 Zucchini, gewürfelt
3 Karotten, gewürfelt
2 TL Curry
2 TL Knoblauchpulver
2 TL geräuchertes Paprikapulver*

SUPPE

2 Zwiebeln, gehäutet und gewürfelt
2 EL Kokos-Aminos-Würzsauce* oder eine Mischung aus Tamari, Ahornsirup und Apfelessig
400 ml Kokosmilch (aus der Dose)
250 ml Gemüsebrühe
2 TL Kurkumapulver

ZUM SERVIEREN

1 EL frische Chili, in feine Scheiben geschnitten
1 EL Frühlingszwiebeln, in feine Scheiben geschnitten

Den Ofen vorheizen auf 200 °C Umluft.

Die Kürbiskerne aufbewahren, säubern und waschen, trocken tupfen und in Kokos Aminos wenden. Auf einem Blech im Ofen 10 Minuten rösten. In der Zwischenzeit den Rest zubereiten.

Alle Gemüsesorten für das Ofengemüse auf 2 große, mit Backpapier ausgelegte Bleche verteilen. Mit Kokos Aminos und den Gewürzen abschmecken.

30 Minuten im Ofen backen.

In der Zwischenzeit einen großen Topf bei mittlerer Hitze erwärmen. Die Zwiebeln in Kokos Aminos schmoren, bis sie durchscheinend sind. Kokosmilch, Gemüsebrühe und Kurkuma hinzufügen. Kräftig rühren und köcheln lassen, bis es duftet. Das Ofengemüse hineingeben. Zum Kochen bringen, dann einige Minuten köcheln lassen.

Den Herd ausschalten und mit einem Pürierstab zerkleinern, bis die Suppe glatt und cremig ist.

Mit den gerösteten Kürbiskernen, Chili und Frühlingszwiebeln garnieren.

NUDELAUFLAUF MIT ZUCCHINI

Es gibt kein einfacheres Gericht, das trotzdem so viel Gemüse, Geschmack und pflanzliche Fette beinhaltet. Es ist nährstoffreich, wärmend und hat eine herrlich käseähnliche Note. Petersilie ist eine tolle Zutat voller Vitamine, Mineralien und Geschmack. Ich verwende hier Zucchini-Nudeln, man kann aber je nach Vorliebe auch andere Nudeln wählen.

2 Portionen
Vorbereitungszeit: 5 Minuten
Kochzeit: 40 Minuten
Schwierigkeitsgrad: sehr einfach

400 g Zucchini,
mit dem Spiralschneider geschnitten
30 g Frühlingszwiebeln,
in feine Scheiben geschnitten
60 g Petersilie, fein gehackt
1 Tasse Cashew-„Parmesan"
(siehe Seite 272)

Den Ofen vorheizen auf 180 °C Umluft.

Alle Zutaten in einer großen Schüssel vermengen, dabei etwa eine ¼ Tasse des Cashew-„Parmesans" aufbewahren. Gründlich mischen.

Eine kleine Auflaufform mit Backpapier auslegen und die Mischung darin verteilen.

Mit dem restlichen Cashew-„Parmesan" bestreuen und etwa 40 Minuten im Ofen backen.

ZUM TEILEN

AUBERGINEN-PIZZA-HÄPPCHEN

Das Backen dieser veganen Mini-Pizzas intensiviert wunderbar den Geschmack der Auberginen. Wenn für euch eine Pizza ohne Käse unvorstellbar ist, dann vertraut mir und probiert den Cashew-„Parmesan" (siehe Seite 272) aus. Ich finde ihn perfekt für Pizzas. Ich mache dieses Gericht vor allem im Spätsommer oder Frühherbst, wenn unser Gemüsegarten Hochsaison hat.

12 Mini-Pizzas
Vorbereitungszeit: 10 Minuten
Backzeit: 30 Minuten
Schwierigkeitsgrad: einfach

PIZZAS

500 g Auberginen, in runde Scheiben geschnitten
125 g Tomatenmark
¼ rote Zwiebel, gewürfelt
½ rote Paprikaschote, gewürfelt
75 g Champignons, in Scheiben geschnitten
15 g frische Basilikumblättchen
90 g schwarze Oliven, entkernt

ZUM SERVIEREN

1 EL Cashew-„Parmesan" (siehe Seite 272)
Basilikum

Den Ofen vorheizen auf 180 °C Umluft.

Ein großes Blech mit Backpapier auslegen, die Auberginenscheiben gleichmäßig darauf verteilen. 10 Minuten im Ofen backen.

Aus dem Ofen nehmen, mit Tomatenmark bestreichen und mit den restlichen Zutaten belegen.

Im Ofen weitere 20 Minuten backen.

Vor dem Servieren mit Cashew-„Parmesan" und Basilikumblättchen bestreuen.

BRUSCHETTA MIT HAFERBROT UND „RICOTTA"

Die Bruschetta gehört zu den wunderbar einfachen und trotzdem äußerst geschmacksintensiven italienischen Erfindungen, von denen ich einfach nicht genug bekommen kann. Ich habe die traditionelle Version ein wenig aufgemischt und einen äußerst einfach herzustellenden Tofu-„Ricotta" hinzugefügt. Das Rezept verbindet Eiweiß und Aminosäuren aus dem Tofu mit dem probiotischen Miso und der Nährhefe, die voller Vitamin B steckt. Das Ergebnis ist äußerst befriedigend. Perfekt für ein Picknick oder eine leichte Mahlzeit am Ende eines warmen Tages.

6 Stück
Vorbereitungszeit: 15 Minuten
Kochzeit: 5 Minuten
Schwierigkeitsgrad: einfach

BRUSCHETTA

160 g Kirschtomaten, fein gewürfelt
½ rote Paprikaschote, fein gewürfelt
⅓ kleine rote Zwiebel, fein gewürfelt
15 g frisches Basilikum, fein gehackt
60 g Oliven, entkernt und fein gewürfelt
1 EL Balsamicoessig
6 Scheiben Haferbrot (siehe Seite 254)

„RICOTTA"

1 TL Zwiebelpulver
1 TL Knoblauchpulver
2 EL Miso*
1 Zitrone, Saft
1 EL Nährhefe*
2 EL Wasser
300 g Bio-Seidentofu*

Tomaten, Paprika, Zwiebel, Basilikum und Oliven mit dem Balsamicoessig in einer Schüssel gründlich vermischen.

Alle Zutaten für den „Ricotta" bis auf den Tofu in einer Schüssel verquirlen, bis die Mischung glatt ist.

Den Tofu abtropfen und mit einem Stück Küchenrolle trockentupfen. Mit einer Gabel grob zerdrücken und die „Ricotta"-Mischung vorsichtig unterheben, bis sich alles gut verbunden hat. Beiseitestellen.

Die Brotscheiben toasten, großzügig mit „Ricotta" bestreichen und mit der Bruschetta-Mischung belegen.

Sofort genießen.

SPANAKOPITA MIT SPINAT & OLIVEN

Ist irgendjemand unter euch, der meint, es gäbe keine vegane Spanakopita? Dann probiert einfach mein Rezept! Erstaunlich, wie man mit etwas Tofu, Miso und Nährhefe eine käseähnliche Konsistenz erschaffen kann. Ich habe noch Oliven hineingemischt, um die Füllung würziger und interessanter zu machen. Außerdem habe ich die Erfahrung gemacht, dass Mountain-Bread-Fladenbrote, wie man sie bei uns im Biomarkt bekommt, ein perfekter Ersatz für Blätterteig sind. Aber auch mit einem glutenfreien Wrap funktioniert es wunderbar.

16 Stück
Vorbereitungszeit: 15 Minuten
Kochzeit: 30 Minuten
Schwierigkeitsgrad: mittel

1 Küchenzwiebel, gewürfelt
3 Knoblauchzehen, gehackt
135 g Spinat, gehackt
250 g fester Tofu*, abgegossen und zerkrümelt
60 g Oliven, entkernt und gewürfelt
1 EL Miso*
3 EL Nährhefe*
1 Zitrone, Saft und Schale
8 Mountain-Bread-Fladenbrote oder Wraps
1 EL Kokos-Aminos-Würzsauce* oder eine Mischung aus Tamari, Ahornsirup und Apfelessig
1 EL Sesamsamen

Den Ofen vorheizen auf 180 °C Umluft.

In einer Pfanne Zwiebeln und Knoblauch anbraten, bis sie weich und durchscheinend sind. Dann Spinat, Tofu, Oliven, Miso, Nährhefe sowie Zitronenschale und -saft hinzufügen. Kräftig umrühren und so lange kochen, bis alle Flüssigkeit aufgesogen ist.

Die Fladenbrote der Länge nach halbieren. Je 1 EL der Füllung auf ein Ende geben und zu Dreiecken zusammenfalten, indem man sie ein paar Mal diagonal zusammenklappt. Die Enden mit etwas Kokos Aminos bepinseln.

Auf ein mit Backpapier ausgelegtes Blech verteilen. Mit Kokos Aminos bepinseln und mit Sesamsamen bestreuen.

15 Minuten im Ofen backen, bis sie goldbraun und knusprig sind.

FLADENBROTE MIT GEWÜRZ-KICHERERBSEN

Gewürz-Kichererbsen sind bei mir ein Grundnahrungsmittel, und so esse ich sie am liebsten. Es ist das perfekt Gericht zum Teilen und ein wunderbares Abendessen, wenn man in Eile ist. Die Quinoa-Fladen sind unglaublich nahrhaft und herzhaft und außerdem glutenfrei. Wer kein Quinoa isst oder etwas Leichteres möchte, kann die Fladen auch durch Vollkorn-Wraps ersetzen.

2 Fladenbrote
Vorbereitungszeit: 10 Minuten
Kochzeit: 20 Minuten
Schwierigkeitsgrad: einfach

FLADENBROTE

150 g weiße Quinoa
½ TL Backpulver

BELAG

1 EL Pinienkerne
1 Tasse Miso-Hummus (siehe Seite 266)
1 ½ Tassen Gewürz-Kichererbsen (siehe Seite 270)
2 EL glatte Petersilie, grob gehackt

Den Ofen vorheizen auf 180 °C Umluft.

Für die Fladenbrote 2 große Bleche mit Backpapier auslegen. Die Quinoa unter laufendem Wasser gründlich spülen.
Mit 375 ml Wasser und dem Backpulver in den Mixer geben. Den Teig auf höchster Stufe rühren, bis er ganz glatt ist. Dann den Teig kreisförmig auf die beiden Bleche streichen und im Ofen 20 Minuten backen.

Eine Pfanne bei niedriger Hitze erwärmen und darin die Pinienkerne leicht anrösten.

Zum Servieren die beiden Fladenbrote mit Hummus bestreichen. Mit Kichererbsen, Petersilie und gerösteten Pinienkernen bestreuen. In Viertel schneiden und servieren.

SÜSSKARTOFFEL-NACHOS

Dieses Rezept für Vollwert-Nachos hat mit der traditionellen Version – „eine Tüte Maischips, Sauce aus dem Glas und eine Packung Käse" – sehr wenig zu tun. Ich liebe es, Klassiker vegan neu zu erschaffen. Die Herausforderung dabei ist es, einen Geschmack zu erzielen, der an das Original erinnert, aber auch für sich steht. Diese Süßkartoffel-Nachos sind umwerfend lecker. Man ist danach zufrieden, gesättigt und voller Energie.

2 Portionen
Vorbereitungszeit: 15 Minuten
Kochzeit: 30 Minuten
Schwierigkeitsgrad: einfach

SÜSSKARTOFFEL-NACHOS
1 kg Süßkartoffeln
1 Limette, Saft
1 TL geräuchertes Paprikapulver*
¼ TL Salz

BELAG
1 Maiskolben
250 g schwarze Bohnen (aus der Dose), abgetropft und gespült
1 ½ Tassen frische Salsa (siehe Seite 268)
1 mittelgroße Avocado, in Scheiben geschnitten
1 Tasse Tahini-Sauce (siehe Seite 274)
1 Limette, geviertelt

Den Ofen vorheizen auf 200 °C Umluft.

Ein großes Blech mit Backpapier auslegen. Die Süßkartoffeln in sehr dünne Scheiben schneiden und auf dem Blech verteilen. Mit Limettensaft beträufeln und mit Paprikapulver und Salz bestreuen. Etwa 30 Minuten im Ofen backen.

Die Maiskörner vom Kolben lösen und in einer antihaftbeschichteten Pfanne bei mittlerer Hitze leicht bräunen.

Wenn die Süßkartoffel-Nachos fertig sind, Mais, schwarze Bohnen, frische Salsa und Avocado darauf verteilen. Mit Tahini-Sauce beträufeln und mit einigen Limettenspalten servieren.

„KÄSECRACKER" MIT ZITRONEN-PFEFFER

In meiner Familie gibt es, seit ich denken kann, einen bestimmten Weihnachtsbrauch. Diese „Käsecracker" bestehen traditionell aus Pita, Butter, Parmesan und Zitronen-Pfeffer. Nachdem ich herausgefunden hatte, wie sich aus Cashewkernen ein Parmesan-Ersatz herstellen lässt, habe ich mich daran gemacht, dieses Traditionsrezept auf den Kopf zu stellen. Und es hat funktioniert! Es lässt all die schönen Erinnerungen wach werden – aber ohne Milchprodukte. Die Mountain-Bread-Fladenbrote lassen sich auch durch glutenfreie Wraps ersetzen.

4 große Stücke
Vorbereitungszeit: 5 Minuten
Kochzeit: 10 Minuten
Schwierigkeitsgrad: sehr einfach

4 Mountain-Bread-Fladenbrote oder Wraps
2 EL Kokos-Aminos-Würzsauce* oder eine Mischung aus Tamari, Ahornsirup und Apfelessig
1 Zitrone, Saft
½ Tasse Cashew-„Parmesan" (siehe Seite 272)
1 TL frisch gemahlener schwarzer Pfeffer

Den Ofen vorheizen auf 180 °C Umluft.

2 große Bleche mit Backpapier auslegen. Je eine Seite der Fladenbrote mit Kokos Aminos bepinseln. Mit Zitronensaft beträufeln und mit Cashew-„Parmesan" und schwarzem Pfeffer bestreuen.

10–15 Minuten im Ofen backen, bis der Belag anfängt braun zu werden. Aus dem Ofen nehmen und abkühlen lassen, bis sie knusprig sind.

Im Ganzen oder in kleinere Stücke gebrochen servieren. Sie schmecken alleine oder mit Dips.

GRÜNE SOMMERRÖLLCHEN MIT PIKANTER MISO-SAUCE

Ich liebe diese knackig frischen, grünen Sommerröllchen. Sie sind eine tolle Vorspeise für ein sommerliches Mahl mit Freunden oder man isst sie einfach alleine auf. Auf jeden Fall sind sie superlecker, und die Miso-Sauce ist so köstlich, dass man am liebsten die Schüssel auslecken würde. Außerdem kann man auf diese Weise ganz viel gesundes Grün ins Essen packen, wie zum Beispiel Spinat, der reich an Kalzium, Magnesium, Zink und Eiweiß ist.

10 Röllchen
Vorbereitungszeit: 30 Minuten
Schwierigkeitsgrad: einfach

SOMMERRÖLLCHEN

1 Zitrone
1 Avocado, in Scheiben geschnitten
10 Reispapierblätter
90 g Spinat
1 kleine Salatgurke, der Länge nach halbiert und in Streifen geschnitten
25 g Korianderblättchen
1 EL Sesamsamen

ZUM SERVIEREN

½ Tasse Miso-Sauce (siehe Seite 276)

Alle Zutaten für die Röllchen vorbereiten. Die Zitrone über die Avocadoscheiben pressen, damit sie frisch bleiben.

Vorsichtig einen großen, tiefen Teller mit heißem, aber nicht kochendem Wasser füllen. Ein Reispapierblatt hineingleiten lassen und eintauchen. 2 Minuten warten, bis das Reispapierblatt durchscheinend geworden ist, dann auf eine ebene, glatte Oberfläche legen.

Anschließend sofort das nächste Reispapierblatt ins Wasser geben.

Je ein Reispapierblatt mit je einem Zehntel der restlichen Zutaten belegen und vorsichtig einrollen, dabei nach und nach die Seiten nach innen falten. Diesen Vorgang wiederholen, bis alle Zutaten aufgebraucht sind.

Mit der Miso-Sauce servieren.

FRISCHE TOSTADITAS

Es ist kein Geheimnis, dass ich mexikanisches Essen liebe. Es ist frisch, gesund und lecker. Diese Tostaditas sind perfekt für ein Picknick oder als leichter Snack. Die cremige Avocado in Verbindung mit der frischen Salsa und den knusprigen Tortilla-Chips ist einfach himmlisch! Wenn man sie für ein Picknick mitnimmt, sollte man die Zutaten separat transportieren und das Ganze erst am Zielort zusammenstellen, damit die Tortillas schön knusprig bleiben. Es lohnt sich, immer einen Vorrat an hochwertigen Mais-Tortillas im Haus zu haben, wie man sie im Bio-Laden bekommt. Im Ofen aufgebacken sind sie eine tolle Alternative zu Maischips.

24 Stück
Vorbereitungszeit: 5 Minuten
Kochzeit: 15 Minuten
Schwierigkeitsgrad: sehr einfach

TOSTADITAS

8 kleine Mais-Tortillas
1 Limette, Saft
¼ TL Salz

BELAG

2 Avocados
1 Limette, Saft
¼ TL Salz
½ TL frisch gemahlener schwarzer Pfeffer
1 ½ Tassen frische Salsa (siehe Seite 268)

ZUM SERVIEREN

1 EL Korianderblättchen, gehackt
1 EL Kokos-Aminos-Würzsauce* oder eine Mischung aus Tamari, Ahornsirup und Apfelessig

Den Ofen vorheizen auf 200 °C Umluft.

2 große Bleche mit Backpapier auslegen. Die Tortillas vierteln und auf den Blechen verteilen. Mit Limettensaft und Salz bestreuen. 15 Minuten im Ofen backen.

Die Avocados in einer kleinen Schüssel zerdrücken. Limettensaft, Salz und Pfeffer unterrühren.

Wenn die Tortillas fertig gebacken sind, aus dem Ofen nehmen und auf einer Platte anrichten. Jedes Viertel mit Avocado und frischer Salsa garnieren. Mit etwas Koriander bestreuen, mit Kokos Aminos beträufeln und servieren.

ZUCCHINI-MAIS-REIBEKUCHEN

Ich finde diese Reibekuchen warm besonders lecker, aber man kann sie auch gut einfrieren und dann im Sandwichtoaster mit einem Spritzer Wasser aufbacken. Sie sind ein toller Beitrag zu einem Buffet. Außerdem stecken in ihnen lauter leckere Sachen wie Hülsenfrüchte, Gemüse, Kräuter und der pikante Geschmack der frischen Salsa.

12 Reibekuchen
Vorbereitungszeit: 5 Minuten
Kochzeit: 20 Minuten
Schwierigkeitsgrad: einfach

REIBEKUCHEN

125 g Kichererbsenmehl*
15 g Nährhefe*
1 TL Knoblauchpulver
1 TL Backpulver
½ TL Salz
200 g Zucchini, geraspelt
400 g Maiskörner
1 Küchenzwiebel, fein gewürfelt
15 g glatte Petersilie, fein gehackt
125 g Kokosjoghurt*

ZUM SERVIEREN

1 ½ Tassen frische Salsa (siehe Seite 268)

Eine antihaftbeschichtete Pfanne bei niedriger Hitze erwärmen.

Alle trockenen Zutaten mischen. Dann die restlichen Zutaten für die Reibekuchen unterrühren. Gründlich vermischen.

Aus dem Teig 12 Küchlein formen, in die Pfanne geben und mit dem Pfannenwender etwas andrücken. Auf jeder Seite 5–10 Minuten braten.

Mit frischer Salsa servieren.

PIKANTE KARTOFFELECKEN MIT SÜSSER CHILI-AIOLI

Knusprig pikante Kartoffeln, frische Limette und cremige Aioli sind eine super Kombination. Ich mache diese leckeren Kartoffelecken oft für Freunde oder Familie, und es sind immer alle begeistert. Kartoffeln sind nahrhaft und reich an Vitamin C und Ballaststoffen. Außerdem steckt in ihnen mehr Kalium als in Bananen.

2 Portionen
Vorbereitungszeit: 5 Minuten
Kochzeit: 40 Minuten
Schwierigkeitsgrad: sehr einfach

KARTOFFELECKEN

1 kg rote Kartoffeln, gewaschen
2 EL Kokos-Aminos-Würzsauce* oder eine Mischung aus Tamari, Ahornsirup und Apfelessig
½ Zitrone, Saft
1 TL Knoblauchpulver
½ TL Chilipulver
2 TL geräuchertes Paprikapulver*
½ TL Cayennepfeffer

ZUM SERVIEREN

1 Limette, geviertelt
½ Tasse süße Chili-Aioli (siehe Seite 258)

Den Ofen vorheizen auf 180 °C Umluft.

Die Kartoffeln in Spalten schneiden.

Alle Zutaten für die Kartoffelecken, außer den Kartoffeln, in einer großen Schüssel vermischen. Dann die Kartoffeln dazugeben und in der Gewürzmischung wenden, bis sie gleichmäßig davon bedeckt sind.

Ein Blech mit Backpapier auslegen. Die Kartoffelecken darauf verteilen. 20 Minuten im Ofen backen. Herausnehmen, die Kartoffelecken wenden und für weitere 20–30 Minuten im Ofen backen, bis sie knusprig und goldbraun sind.

Die fertigen Kartoffelecken mit einem Spritzer Limettensaft und der süßen Chili-Aioli als Dip servieren.

PIZZA MIT FEIGEN, RUCOLA & PESTO

Ich liebe es, möglichst farbenfrohe Pizzas mit allem, was der Garten so hergibt, zusammenzustellen. Aber auch eine ganz einfache Kombination mit Tomatensauce, Pilzen und frischem Basilikum ist total lecker. Und in den kühleren Monaten gibt es ebenfalls Gemüsesorten, mit denen man eine tolle Pizza kreieren kann. So brate ich im Winter eine große Portion Wurzelgemüse mit Rosmarin und ersetze das Basilikum im Pesto durch Kohl und Oliven. Die Feigen essen wir vor allem dann, wenn sie bei uns gerade reif sind.

2 kleine Pizzas
Vorbereitungszeit: 20 Minuten
Kochzeit: 30 Minuten
Schwierigkeitsgrad: einfach

TEIG
100 g weiße Quinoa
½ TL Backpulver

PESTO
½ Tasse Cashew-„Parmesan" (siehe Seite 272)
50 g frisches Basilikum
2 EL Kokos-Aminos-Würzsauce* oder eine Mischung aus Tamari, Ahornsirup und Apfelessig
½ TL Zitronenschale

BELAG
½ Tasse Cashew-„Mozzarella" (siehe Seite 260)
2 reife Feigen, in Scheiben geschnitten
1 EL Pinienkerne
20 g Rucola
1 EL Balsamicoessig

Den Ofen vorheizen auf 180 °C Umluft.

2 große Bleche mit Backpapier auslegen. Quinoa unter laufendem Wasser gründlich spülen und mit Backpulver und 250 ml Wasser in den Mixer geben. Auf höchster Stufe ganz glatt pürieren. Den entstandenen Teig auf die beiden Bleche verteilen und im Ofen 20 Minuten backen.

Währenddessen die Zutaten für das Pesto im Mixer pürieren. Nach dem Backen auf die beiden Pizzaböden verteilen und mit Cashew-„Mozzarella", Feigen und Pinienkernen belegen. Weitere 10 Minuten im Ofen backen. Herausnehmen, mit frischem Rucola bestreuen und mit Balsamicoessig beträufeln. Aufschneiden, servieren, genießen!

ARANCINI AUS KÜRBIS & NATURREIS

Das hier ist die perfekte Lösung, um übriggebliebenen Naturreis aufzubrauchen. So kann man gleichzeitig unnötige Verschwendung vermeiden und etwas Leckeres zaubern. Man kann davon auch gleich eine größere Menge machen und dann ein paar Tage lang davon profitieren. Sie lassen sich wunderbar transportieren und bereichern jede Lunchbox mit Salat oder Ofengemüse. Bei mir sind sie auch oft Bestandteil einer bunten Platte – wie auf dem Foto – oder ich zerkrümele sie und packe sie in einen Wrap. Die Möglichkeiten sind grenzenlos.

16 Reisbällchen
Vorbereitungszeit: 20 Minuten
Kochzeit: 30 Minuten
Schwierigkeitsgrad: einfach

140 g Langkorn-Naturreis, gespült und abgetropft
300 g Kürbis, geschält und gewürfelt
1 Tasse Cashew-„Parmesan" (siehe Seite 272)
25 g Schnittlauch, gehackt

Den Ofen vorheizen auf 180 °C Umluft. Ein Blech mit Backpapier auslegen.

Den Reis mit 500 ml Wasser zum Kochen bringen, die Hitze zurückschalten und köcheln, bis das ganze Wasser aufgesogen ist.

Den Kürbis dämpfen, bis er weich ist. Kürbis, Naturreis, Cashew-„Parmesan" und Schnittlauch in einer Schüssel gründlich vermischen.

Aus der Reismischung etwa 16 Bällchen formen und diese gleichmäßig auf dem Blech verteilen. 30 Minuten im Ofen backen.

REGENBOGEN-SUSHI MIT EINGELEGTEM INGWER

Dieses Rezept basiert zwar auf traditionellem Sushi, hat aber nicht viele Zutaten mit ihm gemeinsam. Die Hauptsache, das Noriblatt, bleibt. Es wird aus zerkleinerten und dann getrockneten Algen hergestellt. Bio-Nori enthält erstaunliche Mengen an Nährstoffen, unter anderem Jod. Die Algen umhüllen farbenfrohe Rohkost und Blumenkohl-„Reis", was zusammen eine nahrhafte Mahlzeit oder einen Snack ergibt.

6 Rollen
Vorbereitungszeit: 30 Minuten
Schwierigkeitsgrad: mittel

SUSHI

500 g Blumenkohl, in Röschen zerteilt
310 g Cashewkerne
1 EL Sesamsamen
6 Bio-Noriblätter*
20 g Erbsensprossen, gehackt
1 kleine Rote Bete, geschält und geraspelt
1 rote Paprikaschote, in feine Scheiben geschnitten
1 Karotte, geraspelt
1 Avocado, in Scheiben geschnitten

ZUM SERVIEREN

Erbsensprossen
2 EL Kokos-Aminos-Würzsauce* oder eine Mischung aus Tamari, Ahornsirup und Apfelessig
eingelegter Ingwer (siehe Seite 56)
Sesamsamen (optional)

Blumenkohl, Cashewkerne und Sesamsamen in den Mixer geben und alles zerkleinern, bis eine reisähnliche Konsistenz erreicht ist.

1 Noriblatt auf eine Bambusmatte legen. Eine großzügige Portion der „Reismischung" daraufgeben und das Noriblatt zu drei Vierteln damit bestreichen, auf einer Seite beginnen, dort einen Rand von 2 cm lassen. Mit dem Gemüse belegen.

Das Sushi vorsichtig zu zwei Dritteln zusammenrollen, dabei leicht andrücken. Den freien Rand des Noriblattes mit etwas Wasser bestreichen, dann ganz aufrollen und sanft andrücken.

Diesen Vorgang wiederholen, bis alle Zutaten aufgebraucht sind.

Mit einem scharfen Messer in Scheiben schneiden, mit Erbsensprossen garnieren und mit Kokos Aminos, eingelegtem Ingwer und, falls gewünscht, Sesamsamen servieren.

EPISCH GROSSE BUNTE PLATTE

Diese bunte Platte ist wunderbar farbenfroh und bietet ganz viel Verschiedenes. Es lohnt sich auf jeden Fall, dafür extra Tortilla-Chips, Ofen-Kürbis, Arancini, Gewürz-Kichererbsen, grüne Sommerröllchen und Hummus zuzubereiten. Damit bekommt man viele hungrige Gäste satt, und es ist eine absolut gesellige, entspannte Art zu essen. Den Ofen-Kürbis mache ich immer schon im Voraus, weil er nach dem Kochen noch weicher wird, so dass daraus ein leckerer Aufstrich wird, der zum fermentierten Gemüse und der cremigen Avocado perfekt passt. Diese bunte Platte ist so vielfältig und geschmacksintensiv, dass selbst den begeistertsten Käse-Fans nichts fehlen wird.

8 Portionen
Vorbereitungszeit: 10 Minuten (+ zusätzliche Zeit)
Schwierigkeitsgrad: mittel

2 Tassen Tortilla-Chips (siehe Seite 172)
1 Portion Ofen-Kürbis (siehe Seite 76)
1 Portion Arancini (siehe Seite 180)
1 Tasse Gewürz-Kichererbsen (siehe Seite 270)
5 grüne Sommerröllchen (siehe Seite 170)
1 Tasse Miso-Hummus (siehe Seite 266)
125 g schwarze Oliven, entkernt
85 g Essiggurken
40 g Artischocken in Salzlake, abgegossen
50 g Salatgurke, in Scheiben geschnitten
50 g rote Paprikaschote, in Streifen geschnitten
½ Granatapfel, Kerne
250 g Sauerkraut*
1 Avocado, der Länge nach halbiert
1 EL Sesamsamen
7 g frisches Basilikum, zum Servieren

Sommerröllchen und Hummus frisch zubereiten.

Zum Servieren alles auf einer Platte anrichten und die Avocado-Hälften mit Sesam bestreuen. Basilikumblättchen über das Ganze streuen und servieren.

MEZZE-TELLER

Ein Mezze-Teller besteht traditionell aus einer Auswahl an kleinen Gerichten, die man zu Drinks reicht. Dabei kann das Angebot viele verschiedene Richtungen umfassen. Ich kombiniere gerne eine Auswahl an schnellen Dips und selbstgemachtem Knusperbrot wie meinen „Käsecrackern" (siehe Seite 168). Dazu reiche ich einen Berg von knackiger Rohkost, um das Ganze bunt, abwechslungsreich und frisch zu machen. In dieser Version habe ich ein ganz einfaches Taboulé, meinen Lieblingshummus und ein Tsatsiki mit viel Minze gemacht. Die perfekte Mischung für ein entspanntes Essen mit Freunden.

4 Portionen
Vorbereitungszeit: 20 Minuten (+ zusätzliche Zeit)
Schwierigkeitsgrad: einfach

TABOULÉ

15 g Petersilie, gehackt
1 EL rote Zwiebel, fein gewürfelt
½ rote Paprikaschote, fein gewürfelt
1 TL Zitronensaft

TSATSIKI MIT MINZE

125 g Kokosjoghurt*
1 EL frische Minze, gehackt
1 TL Ahornsirup*
1 TL Knoblauchpulver
1 TL Zitronensaft

ZUM SERVIEREN

1 Portion „Käsecracker" (siehe Seite 168)
½ Tasse Miso-Hummus (siehe Seite 266)
70 g eingelegte Zwiebeln (siehe Seite 264)
80 g Kirschtomaten
60 g Oliven, entkernt
50 g Radieschen
80 g Artischocken in Salzlake, abgegossen

Die Zutaten für das Taboulé in eine Schüssel geben und gründlich vermischen.

Die Zutaten für das Tsatsiki mit Minze in einem kleinen Schälchen vermischen.

Alles auf einer Platte anrichten und servieren.

SÜSSES

PROBIOTISCHER EISCREME-KUCHEN MIT SCHOKO & MINZE

Nussfrei, glutenfrei, getreidefrei, vollwertig und probiotisch – dieser Kuchen ist der Knaller! Leicht, aber cremig – knusprig, aber fein. Einfach zu machen, und er lässt sich gut einfrieren. Außerdem sind heutzutage alle Zutaten unkompliziert zu bekommen. In unserem Bioladen am Ort gibt es gekeimten Buchweizen für den Boden und Pfefferminzöl in Lebensmittelqualität. Wer gerade keinen Kokosjoghurt zur Hand hat, kann auch Kokosmilch aus der Dose verwenden.

12 Stücke
Vorbereitungszeit: 30 Minuten (+ Gefrierzeit)
Kochzeit: 10 Minuten
Schwierigkeitsgrad: mittel

EISCREME
600 g Süßkartoffeln, geschält und gewürfelt
185 g Kokosjoghurt*
45 g Rohkakaopulver*
85 ml Ahornsirup*
1 TL Vanillepulver*

BODEN
170 g gekeimter Buchweizen*
90 g Kokosflocken
10 g Medjool-Datteln*, entkernt
1 Prise Salz

ZUM SERVIEREN
1 EL Kakaonibs*
1 EL frische Minzeblättchen

Die Süßkartoffeln dämpfen und mit den anderen Zutaten für die Eiscreme in den Mixer geben. Pürieren, bis das Ganze glatt ist. Eine kleine Kastenkuchenform mit Backpapier auslegen und die Mischung für die Eiscreme hineinfüllen. Mindestens 4 Stunden in der Gefriertruhe einfrieren.

Für den Boden alle Zutaten im Mixer auf der höchsten Stufe verrühren, bis der Teig zusammenklebt.

Gleichmäßig in eine runde Springform füllen und in die Gefriertruhe stellen.

Die Eiscreme aus der Gefriertruhe nehmen und in kleine Stücke brechen. In den Mixer geben und zerkleinern, bis eine glatte Konsistenz erreicht ist. Dabei nicht länger als nötig laufen lassen, weil sich die Mischung nicht erwärmen soll.

Die Eiscreme auf den Kuchenteig streichen und wieder in die Gefriertruhe stellen. Vor dem Servieren aus der Form nehmen und vor dem Anschneiden 5–10 Minuten antauen lassen. Mit Kakaonibs und Minzeblättchen garnieren.

NO-BAKE-KAROTTENKUCHEN MIT HEIDELBEEREN

Für mich ist das der ultimative Kuchen, um etwas zu feiern. Geschmack und Konsistenz von Teig und Füllung sind einem klassischen Kuchen aus Butter, Zucker und Mehl erstaunlich ähnlich. Wer sich die vielen Schichten nicht zutraut, kann auch einfach einen Kuchen backen und ihn einmal durchschneiden. Es hängt auch davon ab, ob man für einen besonderen Anlass backt oder sich einfach selbst etwas Leckeres gönnen möchte.

mindestens 12 Stücke
Vorbereitungszeit: 30 Minuten (+ zusätzliche Zeit)
Kochzeit: 10 Minuten
Schwierigkeitsgrad: mittel

TEIG
440 g Karotten, geraspelt
200 g Walnüsse
120 g Kokosflocken
10 Medjool-Datteln*, entkernt
2 TL Ingwerpulver
2 TL Zimt, gemahlen
½ TL Muskatnuss, gemahlen

FÜLLUNG
390 g Cashewkerne
125 g Kokosjoghurt*
2 Zitronen, Saft und Schale
2 TL Miso*
125 ml Ahornsirup*
1 EL Nährhefe*
¼ TL Vanillepulver*

ZUM SERVIEREN
150 g Heidelbeeren, frisch oder gefroren
1 EL getrocknete, essbare Blumen
1 EL Pistazien, zerkleinert

Den Ofen vorheizen auf 180 °C Umluft. Die Heidelbeeren auf ein mit Backpapier ausgelegtes Blech verteilen. 10 Minuten im Ofen backen, dann beiseitestellen.

750 ml kochendes Wasser über die Cashewkerne gießen. Ziehen lassen.

Alle Zutaten für den Teig im Mixer zerkleinern, bis eine teigähnliche Konsistenz erreicht ist. Den Teig auf 3 Springformen mit 18 cm Durchmesser verteilen und darin bis zum Rand festdrücken. In die Gefriertruhe stellen.

Die Cashewkerne abgießen. Mit allen anderen Zutaten für die Füllung in den Mixer geben und pürieren, bis das Ganze cremig ist. Zwei der Kuchenformen aus der Gefriertruhe nehmen und die Hälfte der Füllung auf den beiden Böden verteilen. Für mindestens 1 Stunde zurück in die Gefriertruhe stellen, währenddessen den Rest der Füllung im Kühlschrank aufbewahren.

Die Kuchenböden vorsichtig aus den Formen nehmen und übereinanderstapeln. Den Abschluss bildet der Boden ohne Füllung. Den kompletten Kuchen mit der restlichen Füllung bestreichen. Dann die gebackenen Heidelbeeren, essbaren Blumen und Pistazien darauf verteilen. 10 Minuten antauen lassen (länger, falls er länger eingefroren war), dann anschneiden. Reste in der Gefriertruhe aufbewahren.

3 SORTEN PROBIOTISCHE SÜSSKARTOFFEL-EISCREME

Süßkartoffel-Eiscreme – wer hätte das gedacht? Aber wahrscheinlich ist euch auch schon aufgefallen, dass Süßkartoffeln richtig toll sind. Sie sind vielseitig, sättigend und gesund. Ich mag sie sehr, besonders auch in dieser lecker leichten, cremigen, probiotischen Eiscreme, die erstaunlich einfach zu machen ist. Und es gibt noch eine Besonderheit: Statt als Pfütze zu zerlaufen, behält es beim Schmelzen die Form und wird zu einer wunderbaren Mousse. Daher muss man sich beim Servieren nicht so beeilen. Und man kann ganz entspannt genießen.

4 Kugeln
Vorbereitungszeit: 20 Minuten (+ zusätzliche Zeit)
Schwierigkeitsgrad: einfach

Minze & Schoko

450 g Süßkartoffel, geschält und gewürfelt
60 g Kokosjoghurt*
60 ml Ahornsirup*
45 g Rohkakaopulver*
1 TL Vanillepulver*
1 Prise Salz
1 Tropfen Pfefferminzöl* (Lebensmittelqualität)

ZUM SERVIEREN
2 Minzezweige
1 TL Kakaonibs*
1 TL Pistazien, zerkleinert

Rote Bete, Himbeere & Limette

300 g Süßkartoffel, geschält und gewürfelt
150 g Rote Bete, geschält und gewürfelt
75 g Himbeeren, frisch oder gefroren
½ Limette, Saft und Schale
60 g Kokosjoghurt*
60 ml Ahornsirup*
1 TL Vanillepulver*
1 Prise Salz

ZUM SERVIEREN
1 EL Beeren (frisch, gefroren oder getrocknet)
1 TL getrocknete, essbare Blumen

→

Schoko & Orange

450 g Süßkartoffel,
geschält und gewürfelt
60 g Kokosjoghurt*
60 ml Ahornsirup*
45 g Rohkakaopulver*
1 TL Vanillepulver*
1 Prise Salz
1 Orange, Saft
4 Tropfen Orangenöl*
(Lebensmittelqualität)

ZUM SERVIEREN
2 TL Orangenschalen
1 TL Kakaonibs*

Eine Kastenkuchenform aus Metall mit Backpapier auslegen und in die Gefriertruhe stellen.

Süßkartoffeln (und ggf. Rote Bete) dämpfen, bis sie weich sind. Süßkartoffeln (und ggf. Rote Bete) mit den restlichen Zutaten für die Eiscreme im Mixer pürieren, bis das Ganze glatt ist.

Die Creme in die Form füllen und für mindestens 4 Stunden in die Gefriertruhe stellen, damit sie fest wird.

Aus der Gefriertruhe nehmen, in Stücke brechen und im Mixer zerkleinern, bis das Ganze glatt ist.

Kugeln abstechen, nach Geschmack garnieren und sofort servieren.

3 SORTEN COOKIE-DOUGH-SCHNITTEN

Diese leckeren Schnitten schmecken wie klassischer Kuchenteig, aber ohne rohe Eier, Butter und weißen Zucker. Sie sind einfach zuzubereiten, machen satt und spenden Energie. Hier beschreibe ich meine drei Lieblingssorten, aber man kann mit diversen Geschmacksrichtungen herumexperimentieren. Kakaosnibs sind schön knackig, man kann aber auch Nüsse oder Kerne verwenden. Und wenn es etwas ganz Besonderes werden soll, kann man die Schnitten auch noch in geschmolzene Schokolade tauchen.

12 Schnitten
Vorbereitungszeit: 5 Minuten (+ zusätzliche Zeit)
Schwierigkeitsgrad: sehr einfach

Schoko & Erdnussbutter

6 Medjool-Datteln*, entkernt
100 g Bio-Haferflocken*
155 g Cashewkerne
1 TL Vanillepulver*
1 Prise Salz
2 EL Erdnussbutter
1 EL Kakaosnibs*

ZUM SERVIEREN
1 EL Kakaonibs*

Kokos & Cranberry

6 Medjool-Datteln*, entkernt
100 g Bio-Haferflocken*
155 g Cashewkerne
1 TL Vanillepulver*
1 Prise Salz
1 EL Rohkakaopulver*
30 g getrocknete Cranberrys
15 g Kokosraspel

ZUM SERVIEREN
2 EL Kokosraspel

→

Ingwer & Limette

6 Medjool-Datteln*, entkernt
100 g Bio-Haferflocken*
155 g Cashewkerne
1 TL Vanillepulver*
1 Prise Salz
1 EL frischer Ingwer, gehackt
1 Limette, Schale

ZUM SERVIEREN
1 TL Limettenschale

500 ml kochendes Wasser über die Datteln gießen. Ziehen lassen, während der Rest zubereitet wird.

Haferflocken, Cashewkerne, Vanille und Salz im Mixer zerkleinern, bis ein Mehl entstanden ist. Die Datteln abtropfen lassen und mit in den Mixer geben.

Nochmals zerkleinern, bis eine teigähnliche Konsistenz erreicht ist. Die restlichen Zutaten hinzufügen und gleichmäßig in eine Kastenform füllen. Die Zutaten zum Servieren darüberstreuen. In der Gefriertruhe mindestens ½ Stunde festwerden lassen. In Scheiben schneiden und in der Gefriertruhe aufbewahren oder sofort genießen.

XCEL

NUSSFREIE SCHOKO-MOUSSE-TÖRTCHEN

Diese kleinen Köstlichkeiten sind nicht nur vegan, ohne Gluten, Milch, Zucker und Eier, sondern auch ohne Getreide und Nüsse. Und sie sind total einfach. Die Mousse lässt sich nicht so gut einfrieren, daher sollte man sie lieber frisch genießen. Deshalb ist das Rezept hier für eine eher kleine Portion. Wenn es also mehr Gäste sind, dann kann man einfach die Menge verdoppeln.

12 kleine Törtchen
Vorbereitungszeit: 20 Minuten (+ zusätzliche Zeit)
Schwierigkeitsgrad: einfach

TEIG

130 g gekeimter Buchweizen*
45 g Kokosraspel
10 Medjool-Datteln*, entkernt
1 Prise Salz

MOUSSE

2 reife Avocados, geschält und entkernt
85 ml Ahornsirup*
2 EL Rohkakaopulver*
½ TL Vanillepulver*

ZUM SERVIEREN

1 EL Kakaonibs*
1 TL getrocknete Rosenblüten
2 EL frische Beeren

Für den Teig in der Küchenmaschine Buchweizen, Kokosraspel, Datteln und Salz zerkleinern, bis eine klebrige Mischung entstanden ist. Jeweils 1 EL von dem Teig in eine kleine Cupcake-Form aus Silikon löffeln. Dabei den Teig an den Seiten etwas hochziehen, so dass in der Mitte eine Mulde entsteht.

Mindestens 2 Stunden in die Gefriertruhe stellen.

Alle Zutaten für die Füllung im Mixer zerkleinern und verrühren, bis das Ganze glatt und cremig ist. Die Böden aus den Formen lösen und in jede Mulde etwas von der Füllung geben. Mit knackigen Kakaonibs, Rosenblüten und leckeren Sommerbeeren bestreuen. Viel Spaß!

PIE MIT ROTEN BETEN, INGWER & LIMETTE

Im Herbst, wenn Rote Bete, Limette und Ingwer reif sind, mache ich gerne diesen Pie. Rote Bete hat eine reinigende Wirkung, warum sollte man sie also nicht in ein dekadentes Dessert packen? Außerdem schenkt sie dem Ganzen eine wunderbar erdige Note. Zusammen mit der Zitrusfrische von Limette und Ingwer ist das eine herrliche Kombination.

1 großer Pie
Vorbereitungszeit: 20 Minuten (+ zusätzliche Zeit)
Schwierigkeitsgrad: einfach

BODEN
125 g Sonnenblumenkerne
90 g getrocknete Kokosnuss
30 g Rohkakaopulver*
1 TL Vanillepulver*
10 Medjool-Datteln*, entkernt
1 Prise Salz

FÜLLUNG
390 g Cashewkerne
105 g Rote Bete, geraspelt
125 g Kokosjoghurt*
185 ml frischer Limettensaft
125 ml Ahornsirup*
1 EL Ingwer, gehackt

ZUM SERVIEREN
1 TL schwarze Sesamsamen
1 TL weiße Sesamsamen

750 ml kochendes Wasser über die Cashewkerne gießen. Ziehen lassen, während der Boden zubereitet wird.

Alle Zutaten für den Boden in der Küchenmaschine verrühren, bis der Teig zusammenklebt.

Den Teig in eine Pie- oder runde Springform drücken.

Die Cashewkerne abgießen. Zusammen mit allen anderen Zutaten für die Füllung im Mixer pürieren, bis das Ganze sehr glatt ist. Auf den vorbereiteten Boden gießen. Mit den schwarzen und weißen Sesamsamen bestreuen und für mindestens 4 Stunden in die Gefriertruhe stellen, bis das Ganze fest ist.

Aus der Gefriertruhe nehmen, 10–20 Minuten antauen lassen, dann anschneiden und servieren.

SÜSSES SANDWICH MIT SCHOKO & MINZE-EISCREME

Wenn wir reife, gefrorene Bananen zuhause haben, mache ich daraus gerne diese süßen Sandwiches. Sie schmecken zu jeder Tageszeit. Ich habe sie sogar schon zum Frühstück gegessen. Sie sind einfach perfekt an einem warmen Sommermorgen, und wer kann der Kombination von Schokolade und Minze schon widerstehen?

6 Sandwiches
Vorbereitungszeit: 10 Minuten (+ zusätzliche Zeit)
Backzeit: 15 Minuten
Schwierigkeitsgrad: einfach

COOKIE

110 g Kichererbsenmehl*
1 TL Vanillepulver*
1 TL Backpulver
3 EL Tahini*
125 ml pflanzlicher Milchersatz* (ich verwende Mandelmilch)
85 ml Ahornsirup*
6 Medjool-Datteln*, entkernt
2 EL Kakaonibs*

EISCREME

2 gefrorene Bananen
2 EL Kokosjoghurt*
1 Tropfen Pfefferminzöl* (Lebensmittelqualität)
1 EL Kakaonibs*

Den Ofen vorheizen auf 180 °C Umluft. Ein großes Blech mit Backpapier auslegen.

Alle Zutaten für die Cookies außer den Kakaonibs im Mixer verrühren, bis ein glatter Teig entstanden ist.

Die Kakaonibs unterrühren und aus dem Teig 12 Bällchen formen. Gleichmäßig auf dem Blech verteilen. Jedes Bällchen leicht andrücken, so dass daraus ein Cookie entsteht. 12-15 Minuten backen, bis sie goldbraun sind. Abkühlen lassen.

In der Zwischenzeit alle Zutaten für die Eiscreme außer den Kakaonibs im Mixer pürieren, bis eine glatte Creme entstanden ist. Die Kakaonibs unterrühren.

Jeweils eine großzügige Portion Eiscreme auf ein Cookie streichen und mit einem weiteren Cookie bedecken. Vor dem Servieren mindestens 10 Minuten in die Gefriertruhe legen.

CRUMBLE MIT ÄPFELN, HEIDELBEEREN & RHABARBER

Bei wärmenden, tröstenden Desserts fällt mir sofort der Apfel-Crumble meiner Mum ein. Dieses Rezept lehnt sich an ihrem an. Ich habe es um Heidelbeeren und ein paar Gewürze für zusätzliche Wärme ergänzt. In meinem Rezept stecken so viel Vollwert, Geschmack und Energie, dass man Reste auch wunderbar zum Frühstück essen kann. Wenn es draußen kühl ist, serviere ich das Ganze mit einem großen Klecks Kokosjoghurt und etwas extra Zimt. Einfach himmlisch! Für eine glutenfreie Variante die Haferflocken durch zusätzliche Mandeln und Kokosflocken ersetzen. Falls das Ganze über einem Lagerfeuer gemacht werden soll, die trockenen Zutaten für die Streusel zuhause abwiegen.

4 Portionen
Vorbereitungszeit: 10 Minuten
Kochzeit: 30 Minuten
Schwierigkeitsgrad: einfach

OBST-FÜLLUNG

200 g Äpfel, geschält, entkernt und gewürfelt
300 g Heidelbeeren, frisch oder gefroren
2 Stangen Rhabarber
2 Bananen, geschält und in Scheiben geschnitten
1 EL Ahornsirup*
1 Zitrone, Saft
1 TL Vanillepulver*

STREUSEL

160 g Mandeln oder Mandelmehl
30 g Kokosflocken
50 g Bio-Haferflocken*
2 TL Zimt, gemahlen
1 EL Tahini*
1 EL Ahornsirup*

ZUM SERVIEREN

1 Prise Zimt, gemahlen
1 großer Klecks Kokosjoghurt*

Den Ofen vorheizen auf 200 °C Umluft.

Einen großen Topf bei mittlerer Hitze erwärmen. Alle Zutaten für die Obst-Füllung mit 60 ml Wasser hineingeben. 20 Minuten köcheln lassen, bis die Flüssigkeit einzudicken beginnt.

Die Mandeln im Mixer zerkleinern, bis ein Mehl entstanden ist. Alle trockenen Zutaten für die Streusel in einer Schüssel gründlich vermischen. Tahini und Ahornsirup hinzufügen. Mit den Händen gründlich vermischen. Wenn das Obst weich ist, den Boden einer Auflaufform gleichmäßig damit bedecken.

Die Streusel darauf verteilen und im Ofen 10–15 Minuten backen. Soll das Ganze über einem Lagerfeuer zubereitet werden, einfach die Streusel auf das Obst geben, den Topf mit Alufolie abdecken und nahe der Kohlen im Feuer platzieren. Ab und zu vorsichtig ein Stück drehen. Mit Zimt bestäuben und mit Kokosjoghurt servieren.

CREME MIT PASSIONSFRUCHT, LIMETTE & KOKOS

Ich mache dieses supereinfache Rezept seit Jahren. Die Geschmackskombination ist wirklich himmlisch. Außerdem ist das Ganze reich an probiotischen Bakterien, Vitamin C aus Passionsfrucht und Limette sowie Kalium und Ballaststoffen aus den Bananen. Perfekt als Sommerfrühstück, Snack oder Leckerei nach dem Abendessen nach einem langen, heißen Tag.

2 Portionen
Vorbereitungszeit: 5 Minuten
Schwierigkeitsgrad: sehr einfach

CREME

5 gefrorene, reife Bananen, gehackt
90 g frisches Passionsfrucht-Mark
2 EL Kokosjoghurt*
60 ml frischer Limettensaft

ZUM SERVIEREN

25 g Kokoschips
1 EL Limettenschale

Eine antihaftbeschichtete Pfanne bei mittlerer Hitze erwärmen. Die Kokoschips darin leicht anrösten, dabei achtgeben, dass sie nicht anbrennen. Vom Herd nehmen und zum Abkühlen beiseitestellen.

Alle Zutaten für die Creme im Mixer pürieren, dann auf höchster Stufe laufen lassen, bis alles cremig und glatt ist.

Auf 2 Schüsseln verteilen, mit gerösteten Kokoschips und geriebener Limettenschale garnieren. Sofort servieren.

VIOLETTES EIS AM STIEL AUS SÜSSKARTOFFELN

Dieses unkomplizierte Eis ist dank Süßkartoffeln und Kokosjoghurt supercremig. Violette Süßkartoffeln findet man online oder auf dem Bauernmarkt. Sie sind außen hell und innen violett und werden manchmal Okinawan Sweet Potatoes genannt. Ich liebe sie, nicht nur, weil sie den Nährwert eines Gerichts positiv beeinflussen, sondern auch, weil sie allem eine unglaubliche Farbe verleihen, wie zum Beispiel auch meinem Violetten Süßkartoffel-Smoothie (siehe Seite 28).

6 Eis am Stiel
Vorbereitungszeit: 5 Minuten (+ zusätzliche Zeit)
Kochzeit: 10 Minuten
Schwierigkeitsgrad: einfach

300 g violette Süßkartoffeln*, geschält und gewürfelt
125 g Kokosjoghurt*
60 ml Ahornsirup*
1 TL Vanillepulver*
1 EL Rawnola mit Haferflocken, Beeren & Joghurt (siehe Seite 26)
2 TL Kokosflocken
essbare Kornblumenblütenblätter (optional)

Die Süßkartoffeln dämpfen, bis sie weich sind. Dann mit Kokosjoghurt, Ahornsirup und Vanillepulver im Mixer pürieren, bis das Ganze glatt ist.

In die Förmchen für das Eis jeweils etwas Rawnola, Kokosflocken und – falls verwendet – Kornblumenblütenblätter streuen, dann die Creme einfüllen. Das obere Ende auch mit etwas Rawnola, Kokosflocken und Kornblumenblütenblättern garnieren, die Stiele zu drei Vierteln in die Creme stecken und über Nacht einfrieren.

EIS AM STIEL MIT HIMBEEREN UND KOMBUCHA

Wenn eine Leckerei aus lauter gesunden Zutaten besteht, dann muss man deswegen kein schlechtes Gewissen haben. Dieses Kombucha-Eis ist lecker und erfrischend. Ingwer ist nicht nur leicht scharf, sondern auch entzündungshemmend und gut für die Verdauung. Der Kombucha ist probiotisch, was perfekt für die Gesundheit ist, und die Himbeeren (die man jederzeit auch durch andere Beeren ersetzen kann) stecken voller Antioxidantien.

6 Eis am Stiel
Vorbereitungszeit: 10 Minuten (+ Gefrierzeit)
Schwierigkeitsgrad: sehr einfach

300 g gefrorene Himbeeren
250 ml Kombucha*
1 TL frischer Ingwer, gehackt
½ Limette, Saft und Schale
1 EL Chiasamen*

Einen kleinen Topf bei sehr kleiner Hitze erwärmen. Die gefrorenen Himbeeren hineingeben und vorsichtig rühren, bis sie aufgetaut und weich sind. Den Herd ausschalten. Alle anderen Zutaten hinzufügen und gründlich verrühren.

Sobald die Flüssigkeit von den Chiasamen aufgenommen wird, das Ganze in Förmchen für das Eis füllen. Die Stiele zu drei Vierteln in die Creme stecken und über Nacht einfrieren.

EIS AM STIEL MIT KOKOS, BEEREN & LIMETTE

Mit diesem probiotischen Eis kann man Kinder dazu bringen, gesunde Sachen zu essen, ohne dass sie es merken. Die Farben sind toll und der Geschmack richtig schön frisch. Und man muss nicht abwarten, dass die einzelnen Schichten gefroren sind, sondern kann das Ganze in einem Rutsch machen. Perfekt als kühler Snack am Nachmittag. Die meisten Eiscremes werden mit Unmengen von Zucker gemacht, aber diese hier nicht. Echter Ahornsirup in kleinen Mengen ist eine wunderbare Alternative zu weißem Industriezucker, weil er voller Vitamine und Mineralstoffe ist.

8 Eis am Stiel
Vorbereitungszeit: 10 Minuten (+ zusätzliche Zeit)
Schwierigkeitsgrad: einfach

HIMBEER-EIS
110 g Himbeeren, frisch oder gefroren
250 g Kokosjoghurt*
2 EL Ahornsirup*
3 EL Kakaonibs*

KOKOS-EIS
125 g Kokosjoghurt*

LIMETTEN-EIS
1 Avocado, geschält und entkernt
1 Limette, Saft
2 EL Ahornsirup*

Alle Zutaten für das Himbeer-Eis in den Mixer geben und pürieren, bis eine glatte Creme entstanden ist. Jedes Förmchen zu drei Vierteln damit füllen.

Für die weiße Schicht den Kokosjoghurt darauffüllen.

Die Zutaten für das Limetten-Eis mit einer Gabel zerdrücken und verrühren. Als Abschluss in die Förmchen füllen.

Die Stiele zu drei Vierteln in die Creme stecken und über Nacht einfrieren.

SCHOKO-KARAMELL-BROWNIE

Niemand wird ahnen, dass diese Brownies zum Großteil aus Wurzelgemüse, Hülsenfrüchten und Vollkorn gemacht sind. Schon gewusst, dass schwarze Bohnen, aus denen diese Brownies im Wesentlichen bestehen, reich an Vitamin B6, Folat, Kalium und Ballaststoffen sind? Diese Bohnen sind wirklich ein Hauptgewinn in Sachen Nährstoffe, ganz zu schweigen von den Süßkartoffeln … Süßkartoffeln sind so unglaublich vielseitig und voller entzündungshemmender Wirkstoffe wie Vitamin C und A. Wenn das als Grund nicht reicht, um diese leckeren Brownies zu essen, weiß ich auch nicht.

1 Blech (13 × 23 cm)
Vorbereitungszeit: 10 Minuten
Backzeit: 30 Minuten
Schwierigkeitsgrad: einfach

BROWNIES

400 g Süßkartoffeln, geschält und gewürfelt
75 g Bio-Haferflocken*
1 TL Backpulver
3 EL Rohkakaopulver*
¼ TL Salz
1 TL Vanillepulver*
250 g schwarze Bohnen (aus der Dose), abgetropft und gespült
125 ml Ahornsirup*
4 Medjool-Datteln*, entkernt und gehackt
2 EL Kakaonibs*

ZUM SERVIEREN

1 EL getrocknete Beeren
1 EL getrocknete, essbare Blütenblätter

Den Ofen vorheizen auf 180 °C Umluft.

Die Süßkartoffeln dämpfen, bis sie weich sind.

Die Haferflocken im Mixer zu einem Mehl zerkleinern. Backpulver, Rohkakaopulver, Salz und Vanillepulver hinzufügen und vermischen. Süßkartoffeln, schwarze Bohnen und Ahornsirup hinzufügen und pürieren, bis alles glatt ist.

Die gehackten Datteln und die Hälfte der Kakaonibs unterrühren. Den Teig auf ein mit Backpapier ausgelegtes Blech bis in die Ecken verteilen.

Mit den restlichen Kakaonibs bestreuen und 30 Minuten backen.

Aus dem Ofen nehmen und 20–30 Minuten abkühlen lassen. Dann aufschneiden und mit Beeren und Blütenblättern garnieren. Auch Nüsse passen hier sehr gut.

INGWER-BEEREN-KEKSE

Diese Kekse sind dank der Gewürze so lecker, dass man gar nicht genug davon bekommt. Die Hauptzutat ist Kichererbsenmehl, also getrocknete, gemahlene Kichererbsen. Wer hätte gedacht, dass sich daraus so leckere Ingwer-Kekse zaubern lassen? Und dann sind sie auch noch ganz einfach zu machen. Man kann sie außerdem nach Geschmack mit gefrorenen Beeren garnieren. Heidelbeeren und Erdbeeren sind lecker, aber Himbeeren sind meine absoluten Lieblinge. Diese Kekse genießt man am besten direkt frisch aus dem Ofen mit einem Glas eiskalter Mandelmilch.

8 Kekse
Vorbereitungszeit: 5 Minuten
Kochzeit: 15 Minuten
Schwierigkeitsgrad: einfach

110 g Kichererbsenmehl*
1 TL Vanillepulver*
1 TL Zimt, gemahlen
½ TL Backpulver
1 Prise Salz
1 EL Tahini*
1 EL frischer Ingwer, gehackt
8 Medjool-Datteln*, entkernt
35 g gefrorene Beeren

Den Ofen vorheizen auf 180 °C Umluft.

Ein Blech mit Backpapier auslegen.

Alle trockenen Zutaten in der Küchenmaschine verrühren. Tahini, Ingwer und Datteln hinzufügen und verrühren, bis ein Teig entstanden ist.

Aus dem Teig 8 Bällchen formen und gleichmäßig auf dem Blech verteilen. Andrücken, so dass Kekse entstehen. In jeden Keks einige gefrorene Beeren drücken. Im Ofen 10 Minuten backen. Abkühlen lassen, dann servieren.

„KÄSEKUCHEN" MIT ESPRESSO UND SALZ-KARAMELL

Gibt es etwas Besseres als Kaffee in Kuchenform? Dieser Kuchen schmeckt so lecker, wie er aussieht, oder sogar noch besser. Die Füllung ist cremig, der Boden süß und knusprig und das Karamell ganz leicht salzig. Das Geheimnis ist die perfekte Balance und wie immer die Qualität der Zutaten. Bio ist dabei am besten. Ich gehe mit einer großen Kaffeetasse in ein Café in unserem Viertel und hole mir darin den Espresso für diesen Kuchen. So schmeckt er am leckersten.

12 Stücke
Vorbereitungszeit: 30 Minuten (+ zusätzliche Zeit)
Schwierigkeitsgrad: mittel

BODEN
155 g rohe Mandeln
8 Medjool-Datteln*, entkernt

KAFFEE-KARAMELL
10 Medjool-Datteln*, entkernt
60 ml Espresso
1 EL Tahini*
¼ TL Salz
¼ TL Vanillepulver*

FÜLLUNG
460 g Cashewkerne
125 ml Ahornsirup*
60 ml pflanzlicher Milchersatz*
60 ml Espresso
1 TL Vanillepulver*
1 Prise Salz

Fast kochendes Wasser über die 10 Datteln für das Karamell gießen und ziehen lassen.

Die Cashewkerne mit fast kochendem Wasser übergießen und ziehen lassen, während der Boden zubereitet wird.

Die Zutaten für den Boden in der Küchenmaschine verrühren, bis ein klebriger Teig entstanden ist.

Den Teig in eine mit Backpapier ausgelegte Kuchenform drücken.

Für die Füllung die Cashewkerne abgießen und spülen. Zusammen mit allen anderen Zutaten im Mixer auf höchster Stufe pürieren, bis das Ganze glatt und cremig ist. Auf dem Teig verteilen.

Die Datteln abgießen und zusammen mit den anderen Zutaten für das Karamell im Mixer pürieren, bis alles glatt ist.

In gleichmäßigen Spiralen auf den Kuchen gießen, dabei mit einem Stäbchen Achten in den Guss malen.

Mindestens 4 Stunden in der Gefriertruhe festwerden lassen. Vor dem Anschneiden 10–15 Minuten antauen lassen. Dann servieren.

DRINKS

NAHRHAFTE BRÜHE

Diese leichte und gleichzeitig nahrhafte Brühe eignet sich als Basis für Suppen und Eintöpfe oder als warmes, tröstliches Getränk. Wakame ist eine essbare Alge, die man normalerweise in Asia-Läden und Bio-Läden findet. Sie ist reich an Kalzium, Magnesium, Eisen und Jod. Eine weitere tolle Zutat dieser Brühe ist die Miso-Paste.

2 Liter
Vorbereitungszeit: 10 Minuten
Kochzeit: 1 Stunde
Schwierigkeitsgrad: einfach

BRÜHE

10 g getrocknete Wakame*
1 große Lauchstange, fein geschnitten
4 Knoblauchzehen, gehackt
1 EL Ingwer, gehackt
2 TL Kurkuma
4 Stangen Sellerie, in feine Scheiben geschnitten
1 l Gemüsebrühe
1 l (gefiltertes) Wasser
3 EL Kokos-Aminos-Würzsauce* oder eine Mischung aus Tamari, Ahornsirup und Apfelessig
1 große Rote Bete, geschält und in feine Scheiben geschnitten
60 g Petersilie, gehackt
45 g Kohl oder Spinat, gehackt
2 EL Miso*

Die getrocknete Wakame in einer Schüssel mit warmem Wasser einweichen, während der Rest zubereitet wird.

Lauch, Knoblauch, Ingwer, Kurkuma und Sellerie in etwas Gemüsebrühe kochen, bis sie weich sind. Die Wakame abgießen. Dann die restliche Gemüsebrühe sowie Wasser, Kokos Aminos, Rote Bete und Wakame zu dem gekochten Gemüse in einen großen Topf geben.

Zum Kochen bringen, dann bei reduzierter Hitze 45 Minuten köcheln lassen. Petersilie, Kohl und Miso hinzufügen und kräftig verrühren. Weitere 5 Minuten köcheln.

Die Brühe abseihen oder mit dem Gemüse als leichte Gemüsesuppe servieren.

Wer einen Schongarer hat, kann alle Zutaten hineingeben und sie 12 Stunden oder mehr garen. Kohl und Miso werden dann erst ganz am Schluss hinzugefügt.

3 SORTEN KOMBUCHA-DRINKS

Als ich ein Teenager war, hatte meine Mum dieses komische Zeug immer in Gläsern auf der Küchenbank, wo es vor sich hin blubberte. Sie wollte, dass wir jeden Tag ein bisschen davon trinken, und ich muss gestehen, dass es am Anfang ein ziemlicher Schock war. Das war in einer Zeit, bevor Kombucha so beliebt wurde, wie er heute ist, und man mit leckeren Früchten und Gewürzen ein erfrischendes Getränk daraus zaubert. Ich mag ihn pur immer noch nicht besonders, aber er schmeckt mir, wenn er mit frischem Obst aufgehübscht ist. Diese leckeren Kombucha-Drinks habe ich mir ausgedacht – ich hoffe, ihr mögt sie auch.

2 Drinks
Vorbereitungszeit: 5 Minuten
Schwierigkeitsgrad: sehr einfach

Heidelbeere, Ingwer & Thymian

½ Limette, Saft
1 TL frischer Ingwer, Saft
2 EL frische Heidelbeeren
150 g zerstoßenes Eis
375 ml Hibiskus-Kombucha*

ZUM SERVIEREN
2 Thymianzweige

Himbeer-Mojito

35 g Himbeeren, zerdrückt
1 EL Minze, fein gehackt
½ Limette, Saft
1 Limettenspalte
150 g zerstoßenes Eis
375 ml Kombucha*

ZUM SERVIEREN
2 frische Rosmarinzweige

→

Gurke & grüner Apfel

½ Salatgurke, entsaftet
1 grüner Apfel, entsaftet
½ Zitrone, Saft
150 g zerstoßenes Eis
250 ml Kombucha*

ZUM SERVIEREN
2 Scheiben frische Gurke

Alle Zutaten außer Eis und Kombucha in zwei große Gläser füllen.

Gründlich rühren. Zerstoßenes Eis hinzufügen und den Kombucha darübergießen. Mit einem Kräuterzweig, frischem Obst oder einer Gurkenscheibe servieren.

PROBIOTISCHE LIMONADE MIT KURKUMA & INGWER

Apfelessig macht diesen süßen und auch leicht sauren Drink probiotisch, was gut für die Verdauung ist. Ich verwende etwas Ahornsirup, um die Säure auszubalancieren, aber man kann ihn auch weglassen. Kurkuma und Ingwer sind beide entzündungshemmend, so dass wirklich viel Gutes in dem leckeren Drink steckt. Man serviert ihn mit Eis, Passionsfrucht, Beeren oder anderen Garnierungen.

2 Drinks
Vorbereitungszeit: 2 Minuten
Schwierigkeitsgrad: sehr einfach

¼ TL Kurkumapulver
¼ TL Ingwerpulver
1 EL Apfelessig*
½ TL Ahornsirup*
Eiswürfel
500 ml Wasser mit Kohlensäure, gekühlt

Kurkuma, Ingwer, Apfelessig und Ahornsirup in einem großen Glas verrühren.

Mit einer Gabel kräftig rühren. Das Eis hinzufügen und langsam mit dem Wasser aufgießen.

4 SORTEN FRÜHSTÜCKS-SMOOTHIES

Diese Smoothies schenken Energie für den Tag. Haferflocken, Chiasamen und die gesunden Fette der Kokosnuss bilden eine nahrhafte Grundlage. Dazu pflanzlicher Milchersatz nach Geschmack. Ich verwende Mandel- oder Kokosmilch, weil sie das Ganze so schön cremig machen. Insgesamt ein farbenfrohes, perfektes, vollwertiges Frühstück für unterwegs.

1 Portion
Vorbereitungszeit: 2 Minuten
Schwierigkeitsgrad: sehr einfach

Schoko-Kokos-Smoothie

2 gefrorene Bananen
25 g Bio-Haferflocken*
1 TL Chiasamen*
2 TL Rohkakaopulver*
½ TL Vanillepulver*
2 TL Kakaonibs*
2 EL Kokosjoghurt*
60 ml pflanzlicher Milchersatz*

ZUM SERVIEREN
2 EL Kokosjoghurt*
1 TL Kakaonibs*

Beeren-Smoothie

75 g gefrorene Mangostücke
75 g gefrorene Beeren
25 g Bio-Haferflocken*
1 TL Chiasamen*
1 Limette, Saft
2 EL Kokosjoghurt*
60 ml pflanzlicher Milchersatz*

ZUM SERVIEREN
1 TL Limettenschale

→

Passionsfrucht-Kurkuma-Smoothie

1 Passionsfrucht
2 gefrorene Bananen
25 g Bio-Haferflocken*
1 TL Chiasamen*
1 Zitrone, Saft
½ TL Kurkumapulver
2 EL Kokosjoghurt*
125 ml pflanzlicher Milchersatz*

ZUM SERVIEREN
1 Passionsfrucht
½ TL Kokosraspel

Grüner Smoothie

100 g gefrorene Mangostücke
45 g Spinat
25 g Bio-Haferflocken*
1 TL Chiasamen*
1 Limette, Saft
2 EL Kokosjoghurt*
60 ml pflanzlicher Milchersatz*

ZUM SERVIEREN
2 Minzezweige

Jeweils alle Zutaten mit dem pflanzlichen Milchersatz in den Mixer geben. Auf höchster Stufe pürieren, bis alles ganz glatt und cremig ist.

Nach Geschmack garnieren. Ansonsten kann man den Kokosjoghurt auch in den Schoko-Kokos-Smoothie direkt einarbeiten oder die Passionsfrucht in den Passionsfrucht-Kurkuma-Smoothie.

GEWÜRZTER CHAI-TEE MIT KURKUMA & INGWER

Diese entzündungshemmende Köstlichkeit ist an einem kalten Wintertag wärmend und tröstend. An einem warmen Sommertag ist sie auf Eis genauso lecker. Ich verwende dafür einen losen, koffeinfreien Bio-Chai-Tee aus unserem Bio-Laden, aber es funktioniert auch mit normalem Chai-Tee. Bei jedem Schluck schmeckt man, dass man sich etwas Gutes tut. Für die Sommerversion füllt man ein großes Glas mit zerstoßenem Eis und einer halben Tasse Mandel- oder Kokosmilch. Die gebrühten Gewürze dazugießen und sofort servieren.

1 Portion
Vorbereitungszeit: 2 Minuten
Kochzeit: 10 Minuten
Schwierigkeitsgrad: einfach

1 TL Kurkumawurzel, fein gerieben
½ TL Zimt, gemahlen
2 TL frischer Ingwer, gehackt
2 TL lose, koffeinfreie Chai-Tee-Blätter
375 ml pflanzlicher Milchersatz*
1 TL Ahornsirup*

125 ml Wasser zum Kochen bringen, dann die Hitze reduzieren. Kurkuma, Zimt, Ingwer und Chai-Tee hineingeben. 5 Minuten köcheln lassen. Dann den pflanzlichen Milchersatz dazugießen. Weitere 5 Minuten köcheln lassen. In einen Krug abseihen und etwas Ahornsirup unterrühren. Eventuell mit dem Milchaufschäumer eine Haube zaubern.

BASICS

HAFERBROT

Das hier ist kein Schnickschnack, sondern einfach ein Laib herzhaftes, schmackhaftes Brot mit vielen Samen und Kernen. Lecker und einfach zu machen. Man muss nicht warten, bis der Teig aufgegangen ist, braucht keine Hefe und raffinierten Mehle oder Öle. Ich schneide für gewöhnlich das Brot in Scheiben und friere es portionsweise ein, so dass ich immer welches zur Hand habe. Und so reicht dieser nahrhafte Laib eine ganze Weile. Getoastet passt das Brot wunderbar zu Suppen, oder man macht daraus einen vegetarischen Burger oder ein leckeres belegtes Brot. Mit getrockneten Früchten und Gewürzen kann man daraus auch ein nahrhaftes Früchtebrot zaubern. Es gibt 1000 Möglichkeiten!

1 Laib
Vorbereitungszeit: 5 Minuten
Kochzeit: 1 Stunde
Schwierigkeitsgrad: einfach

300 g Bio-Haferflocken*
60 g Chiasamen*
40 g Flohsamenschalen
70 g Kürbiskerne
60 g Sonnenblumenkerne
80 g Sesamsamen
1 EL Leinsamen
1 TL Salz
1 TL Backpulver
1 EL Ahornsirup*
500 ml warmes Wasser

Den Ofen vorheizen auf 180 °C Umluft.

Alle trockenen Zutaten in einer Schüssel gründlich vermischen.

Ahornsirup und warmes Wasser vermengen und zu den trockenen Zutaten gießen. Gründlich mischen. Einige Minuten stehen lassen.

Eine Kastenkuchenform mit Backpapier auslegen, dann den Teig in die Form gießen. Mit einem Pfannenwender verstreichen.

Im Ofen 30 Minuten backen.

Aus der Form nehmen, wenden und weitere 30-40 Minuten backen.

Vor dem Schneiden abkühlen lassen.

Im Kühlschrank hält sich das Brot bis zu 1 Woche.

NUSSFREIER SCHOKO-AUFSTRICH

Kaum zu glauben, wie einfach dieser Schoko-Aufstrich zu machen ist. Wahrscheinlich wollt ihr ihn gleich löffelweise naschen, aber ich finde, dass er auf einer Scheibe Haferbrot (siehe Seite 254), über offenem Feuer geröstet, am leckersten schmeckt. Ein tolles Rezept fürs Campen und absolut köstlich auf Pfannkuchen.

1 Tasse
Vorbereitungszeit: 2 Minuten
Schwierigkeitsgrad: sehr einfach

200 g Tahini*
60 ml Ahornsirup*
2 EL Rohkakaopulver*
1 TL Vanillepulver*

In einer Schüssel Tahini und Ahornsirup verrühren. Die trockenen Zutaten hinzufügen und gründlich vermischen. Man kann dafür auch eine Küchenmaschine verwenden.

In einem sterilisierten Glas hält sich der Aufstrich im Kühlschrank bis zu 2 Wochen.

CHOCKIE
SPREAD

SÜSSE CHILI-AIOLI

Für dieses Rezept muss man die Cashewkerne einweichen, aber – wenn man ehrlich ist – bedeutet das nur, dass man sie ins Wasser legt, stehen lässt und inzwischen etwas ganz anderes macht. Und es ist das bisschen Aufwand wirklich wert. Denn das Ergebnis ist eine überaus cremige, pikante, süße, scharfe Aioli. Wenn man eine großzügige Portion macht, reicht das für die ganze Woche. Und es ist total vielseitig: Man kann es in Wraps, getoasteten Sandwiches, Salaten und als Dip verwenden. Das ist doch die Mühe wert, ein paar Cashewkerne einzuweichen, oder?

1 ½ Tassen
Vorbereitungszeit: 5 Minuten (+ Einweichzeit)
Schwierigkeitsgrad: sehr einfach

155 g Cashewkerne,
8 Stunden in Wasser eingeweicht
½ Zitrone, Saft und Schale
2 TL Apfelessig*
2 TL Knoblauchpulver
½ TL Salz
85 ml Wasser
1 TL Ahornsirup*
1 große rote Chili,
in Scheiben geschnitten

Die Cashewkerne abtropfen und spülen. Mit allen anderen Zutaten in den Mixer geben. Gründlich pürieren, bis alles sehr glatt ist.

Mit Kartoffelecken (S. 176) oder als leckeres Salatdressing servieren.

Im Kühlschrank bis zu 1 Woche haltbar.

CASHEW-„MOZZARELLA"

Diese pflanzliche Mozzarella-Version hat die Pizza-Abende bei uns daheim revolutioniert. Außerdem ist dieser cremige, einfach zuzubereitende Käse auch für viele andere Gerichte ein Gewinn. Er lässt sich wunderbar auf Toast oder leckere Cracker streichen und ist perfekt in Wraps. Reste lassen sich zudem sehr gut einfrieren. Man muss dann warten, bis das Ganze aufgetaut ist, aber das ist manchmal einfacher als eine neue Portion zu machen. Außerdem lieben wir natürlich eine traditionelle Insalata Caprese mit Oliven (siehe Seite 102). Einfach köstlich!

1 Tasse
Vorbereitungszeit: 10 Minuten
Kochzeit: 10 Minuten
Schwierigkeitsgrad: einfach

155 g Cashewkerne
50 g Maniokmehl
20 g Nährhefe*
½ TL Salz
1 Zitrone, Saft

Die Cashewkerne mit kochendem Wasser übergießen und 10 Minuten einweichen lassen.

Eine leere, flache Schale in der Gefriertruhe kaltstellen.

Alle Zutaten mit 375 ml Wasser im Mixer pürieren, bis das Ganze glatt ist. In einen Topf gießen und bei mittlerer Hitze köcheln, dabei umrühren, bis die Mischung eindickt. Weiterrühren, bis das Ganze dick und elastisch ist. Beiseitestellen und 10 Minuten abkühlen lassen.

Die Schale aus der Gefriertruhe nehmen und die Mischung hineinstreichen. Für weitere 10 Minuten in die Gefriertruhe stellen.

Den „Mozzarella" zerteilen und auf Pizzas oder Salate geben oder auf Zimmertemperatur erwärmen lassen und als Aufstrich verwenden.

In einem luftdichten Behälter im Kühlschrank bis zu 1 Woche haltbar, in der Gefriertruhe auch länger.

WEISSES BOHNEN-PESTO

Dieses Pesto ist superschnell und einfach zubereitet. Es ist lecker, leicht und gleichzeitig sättigend. Ich mag es gerne dick auf Toast gestrichen, mit Ofengemüse in einem Wrap oder einfach als tollen Dip. Es ist so dickflüssig, dass man es gut für unterwegs mitnehmen und zu einem Salat essen kann. Auch zu Ofenkartoffeln mit etwas Cashew-„Parmesan" (siehe Seite 272), Salaten oder nahrhaften Bowls (siehe Kapitel Bowls) ist es absolut köstlich.

2 Tassen
Vorbereitungszeit: 5 Minuten
Schwierigkeitsgrad: sehr einfach

DIP

500 g weiße Bohnen (aus der Dose), abgetropft und gespült
1 Zitrone, Saft
120 g Petersilie, gehackt
20 g Nährhefe*
2 TL Knoblauchpulver
2 EL Kokos-Aminos-Würzsauce* oder eine Mischung aus Tamari, Ahornsirup und Apfelessig
½ TL Salz

ZUM SERVIEREN

Tortilla-Chips (siehe Seite 172) oder Pita-Brot
Petersilie
1 EL Pinienkerne, geröstet

Alle Zutaten in den Mixer geben und pürieren, bis das Ganze glatt ist.

Mit Tortilla-Chips oder Pita-Brot servieren und mit Petersilie und Pinienkernen garnieren.

In einem luftdichten Behälter im Kühlschrank aufbewahren.

EINGELEGTE ZWIEBELN

Auf das Rezept mit den eingelegten Zwiebeln bin ich gekommen, als ich einmal zu viele rote Zwiebeln daheim hatte. Und dann war es so lecker, dass ich es seither ganz oft gemacht habe. Auf diese Weise kann man den spritzigen Geschmack von Essig (und tolle Farbe) in Salate, Burger und Wraps bringen.

1 Tasse
Vorbereitungszeit: 2 Minuten (+ zusätzliche Zeit)
Schwierigkeitsgrad: sehr einfach

1 rote Zwiebel
185 ml Rotweinessig
¼ TL Salz

Die Zwiebel mit einem Gemüsehobel, scharfen Messer oder Spiralschneider sehr fein schneiden. Dann vorsichtig kneten, bis die Zwiebel weich ist.

Zwiebel, Essig und Salz in eine kleine Schüssel geben, dabei sollte die Zwiebel von dem Essig bedeckt sein. Beiseitestellen und 30 Minuten ziehen lassen. Zum Servieren die Flüssigkeit abgießen oder die Zwiebelringe mit einer Gabel herausheben. Die Flüssigkeit aufbewahren, um darin Reste zu lagern. In einem luftdichten Gefäß halten sie sich im Kühlschrank bis zu 1 Woche.

MISO-HUMMUS

Eine Welt ohne Hummus ist für mich unvorstellbar. Er ist so vielseitig und macht mich garantiert immer glücklich. Wahrscheinlich habt ihr die meisten Zutaten sowieso im Vorratsschrank. Ich esse ihn zu Salaten, Wraps und als leckeren Dip. Das Miso in dieser Variante schenkt einen salzigen Geschmack und ist außerdem probiotisch. Ich kaufe nach Möglichkeit frisches Bio-Miso in dem Bio-Laden bei uns im Viertel.

2 Tassen
Vorbereitungszeit: 10 Minuten
Schwierigkeitsgrad: sehr einfach

HUMMUS

3 Knoblauchzehen, gehackt
2 Zitronen, Saft und Schale
500 g Kichererbsen (aus der Dose), abgetropft und gespült
4 EL Tahini*
2 EL Miso*
½ TL Chilipulver
125 ml Wasser

ZUM SERVIEREN

1 Prise geräuchertes Paprikapulver*
1 TL Sesamsamen
1 Petersilienzweig

Den gehackten Knoblauch in einem kleinen Schälchen mit Zitronensaft bedecken, während der Rest zubereitet wird.

Die Zutaten im Mixer auf höchster Stufe pürieren, bis alles sehr glatt und cremig ist. Eventuell etwas mehr Wasser zugeben. Den gehackten Knoblauch mit dem Zitronensaft unterrühren. Mit Paprikapulver, Sesamsamen und Petersilie garnieren und servieren oder in einem luftdichten Behälter bis zu 1 Woche im Kühlschrank aufbewahren.

FRISCHE SALSA

Der Geschmack von frischem Obst und Gemüse ist einfach unschlagbar. Besonders lecker sind sie aus dem eigenen Garten. Tomaten sind dabei keine Ausnahme. Und für diese Salsa ist die Qualität der Tomaten ganz entscheidend. Nach Möglichkeit sollten sie Bio sein. Intensiv in Geschmack und Farbe sind sie eine Zierde für jedes Mahl. Ich liebe diese frische, köstliche Salsa besonders zu mexikanischem Essen.

1 ½ Tassen
Vorbereitungszeit: 5 Minuten
Schwierigkeitsgrad: sehr einfach

225 g Kirschtomaten
1 rote Paprikaschote
⅓ rote Zwiebel
1 EL frische Korianderblättchen
1 EL Kokos-Aminos-Würzsauce* oder eine Mischung aus Tamari, Ahornsirup und Apfelessig
1 kleine Limette, Saft

Tomaten, Paprika und Zwiebel fein würfeln, den Koriander hacken. Alle Zutaten in eine kleine Schüssel geben und gründlich vermischen. Sofort servieren oder in einem luftdichten Behälter über Nacht aufbewahren.

GEWÜRZ-KICHERERBSEN

Diese Gewürz-Kichererbsen gehören zu meinen Lieblings-Grundnahrungsmitteln. Ich mache Salate damit interessanter, gebe sie in nahrhafte Eintöpfe (siehe Kapitel Bowls), garniere Suppen damit oder knabbere sie zu einem bunten, veganen Teller.

1 ½ Tassen
Vorbereitungszeit: 2 Minuten
Backzeit: 15 Minuten
Schwierigkeitsgrad: sehr einfach

- 250 g Kichererbsen (aus der Dose), abgetropft und gespült
- 1 ½ EL Kokos-Aminos-Würzsauce* oder eine Mischung aus Tamari, Ahornsirup und Apfelessig
- 2 TL geräuchertes Paprikapulver*
- 1 TL Knoblauchpulver
- ½ TL Ingwerpulver
- ½ TL Kreuzkümmel, gemahlen
- ½ TL Chilipulver
- ½ TL Salz

Den Ofen vorheizen auf 180 °C Umluft.

Ein großes Blech mit Backpapier auslegen.

Alle Zutaten in einer Schüssel gründlich vermischen.

Auf dem Blech verteilen und 10 Minuten im Ofen backen.

Aus dem Ofen nehmen, gründlich durchmischen, dann weitere 5 Minuten backen.

Lässt sich in einem luftdichten Behälter im Kühlschrank aufbewahren.

CASHEW-
„PARMESAN"

Seit ich diese leckere vegane Alternative zum traditionellen Parmesan entdeckt habe, vermisse ich das Original nicht mehr. Er ist ganz schnell gemacht und auf Pizza, Pasta und Salat sowie in Wraps einfach köstlich. Ich bewahre meinen „Parmesan" in einem Glas mit Deckel im Kühlschrank auf, so dass ich ihn jederzeit frisch griffbereit habe. Im Kühlschrank hält er sich bis zu 2 Wochen, in der Gefriertruhe länger.

1 Tasse
Vorbereitungszeit: 2 Minuten
Schwierigkeitsgrad: sehr einfach

155 g Cashewkerne
20 g Nährhefe*
1 TL Knoblauchpulver
1 TL Salz

Alle Zutaten im Mixer zerkleinern, bis die Konsistenz an gemahlene Mandeln erinnert.

In einem luftdichten Behälter im Kühlschrank bis zu 2 Wochen haltbar, in der Gefriertruhe länger.

TAHINI-SAUCE

Obwohl diese Sauce ganz einfach ist, habe ich eine Weile gebraucht, um die perfekte Mischung zu finden. Das Geheimnis liegt in der Balance der Hauptzutaten, die reichhaltig schmecken sollen, ohne zu schwer zu sein. Reste kann man ein paar Tage im Kühlschrank aufbewahren. Allerdings bezweifle ich, dass etwas übrigbleiben wird.

1 Tasse
Vorbereitungszeit: 2 Minuten
Schwierigkeitsgrad: sehr einfach

125 ml pflanzlicher Milchersatz*
(ich verwende Mandelmilch)
30 g Nährhefe*
2 EL Tahini*
1 TL Knoblauchpulver
½ TL Salz

Alle Zutaten im Mixer pürieren, bis das Ganze glatt und cremig ist.

In einem luftdichten Behälter im Kühlschrank aufbewahren.

MISO-SAUCE

Umami, das wunderbare japanische Wort für wohlschmeckend, passt genau auf diese Sauce. Sie ist perfekt ausbalanciert zwischen süß, sauer, bitter und salzig. Man kann sie zu Salaten und nahrhaften Eintöpfen (siehe Kapitel Bowls) hinzufügen oder als Dip verwenden. Aber man kann sie auch unter Nudeln und Gemüse rühren für einen köstlichen, pikanten Salat mit thailändischen Kelp-Nudeln (siehe Seite 88). Ich empfehle, dafür ein hochwertiges Miso aus der Kühlabteilung des Bio-Ladens zu verwenden. Es wird den Geschmack der Sauce entscheidend beeinflussen.

1 Tasse
Vorbereitungszeit: 10 Minuten
Schwierigkeitsgrad: sehr einfach

1 Zitrone, Saft
1 TL Knoblauchpulver
2 EL Miso*
2 EL Tahini*
2 EL Kokos-Aminos-Würzsauce* oder eine Mischung aus Tamari, Ahornsirup und Apfelessig
Korianderblättchen zum Servieren

Alle Zutaten im Mixer pürieren, bis das Ganze glatt ist. Mit Korianderblättchen garniert servieren.

In einem luftdichten Behälter hält sich die Sauce im Kühlschrank bis zu 1 Woche.

GERÄUCHERTER KOKOS-„SPECK"

Dieser leckere Speck-Ersatz ist in 10 Minuten fertig und macht eigentlich jedes Gericht schmackhafter und interessanter. Ich empfehle eine große Portion davon zuzubereiten, dann hat man auch noch was zum Knabbern zwischen den Mahlzeiten. Er schmeckt wirklich nach mehr! Und man kann damit überall, wo es nötig ist, den Speck ersetzen. Er sollte in einem luftdichten Behälter im Kühlschrank aufbewahrt werden, Einfrieren ist nicht nötig.

1 ½ Tassen
Vorbereitungszeit: 2 Minuten
Backzeit: 10 Minuten
Schwierigkeitsgrad: sehr einfach

75 g Kokoschips
2 EL Kokos-Aminos-Würzsauce* oder eine Mischung aus Tamari, Ahornsirup und Apfelessig
1 EL geräuchertes Paprikapulver*

Den Ofen vorheizen auf 180 °C Umluft.

Kokoschips und Kokos Aminos gründlich vermischen, bis die Chips von der Würzsauce bedeckt sind. Dann mit dem Paprikapulver bestäuben und vermischen.

Ein großes Blech mit Backpapier auslegen und die Mischung gleichmäßig darauf verteilen.

10 Minuten im Ofen backen. Aus dem Ofen nehmen und vorsichtig durchmischen. Die Kokoschips sollten eine dunkle Karamellfarbe haben. Beiseitestellen und kalt und knusprig werden lassen.

In einem luftdichten Behälter im Kühlschrank bis zu 1 Woche haltbar.

DIE PFLANZLICHE SPEISEKAMMER

Im Folgenden erkläre ich einige äußerst nützliche Zutaten für die vegane Küche. In der Zutatenliste sind sie jeweils mit * gekennzeichnet.

Ätherisches Öl in Lebensmittelqualität

Ein reines und äußerst intensives Öl. Es gibt nur wenige Anbieter im Bio-Bereich, deren Öle sich für den Verzehr eignen. Ich verwende am häufigsten Orangen- und Pfefferminzöl. Schon eine kleine Menge davon ist äußerst ergiebig, so dass ein winziger Vorrat genügt. Man findet diese Öle online und in einigen Bio-Läden.

Ahornsirup

Echter, purer Ahornsirup wird von kanadischen Ahornbäumen gewonnen. Anders als raffinierter weißer Zucker enthält Ahornsirup noch alle Vitamine und Mineralstoffe, weil er nur ganz wenig verarbeitet wird. Dadurch ist er ein natürliches Süßungsmittel. Man findet ihn in Bio- und Naturkost-Läden sowie in Supermärkten.

Apfelessig

Ein probiotischer Essig. Zerkleinerte Äpfel werden so lange vergoren, bis kein Zucker mehr enthalten ist. Er kommt in einer Vielzahl von Rezepten zum Einsatz. Am besten verwendet man naturtrüben Essig. In vielen Bio-Märkten, Supermärkten und Lebensmittelläden erhältlich.

Bio-Haferflocken

Der Glutengehalt von Bio-Haferflocken ist niedriger als der von herkömmlichen Haferflocken. Hafer ist eine äußerst gesunde Getreidesorte. Er enthält Beta-Glucan, Eiweiß, gute Kohlehydrate, Magnesium und Zink. Man findet Bio-Haferflocken in den meisten Supermärkten, Bio- und Naturkost-Läden.

Chiasamen

Ein uralter Samen, der aus dem Süden von Mexiko und aus Guatemala stammt. Reich an Omega-3-Fettsäuren. Wird in der veganen Küche als Ei-Ersatz verwendet. Chia ist erhältlich in Supermärkten, Bio- und Naturkost-Läden sowie online.

Fettuccine aus Mungbohnen

Nahrhafte, glutenfreie, vollwertige Nudeln aus Edamame und Mungbohnen. Reich an Kalium, Mangan, Folat, Magnesium, Zink und Vitamin B. Außerdem enthalten sie Ballaststoffe und Eiweiß. Sie behalten ihre Form in gekochtem Zustand sehr gut, so dass sie sich auch für Salate eignen. Erhältlich in einigen Bio- und Naturkost-Läden sowie online.

Gekeimter Buchweizen

Der Samen des Buchweizens. Um den Samen zum Keimen zu bringen, muss man ihn einweichen, waschen und trocknen, was die Phytinsäure entfernt und die Nährstoffe des Samens aktiviert. Man kann Buchweizen selber keimen, aber heutzutage gibt es in Bio-Märkten, Supermärkten und online gekeimten Buchweizen.

Geräuchertes Paprikapulver

Ein Gewürz, das aus getrockneten, über einem offenen Holzfeuer geräucherten gemahlenen Paprikaschoten gewonnen wird. Es verleiht Gerichten eine leckere rauchige Note. Man findet geräuchertes Paprikapulver von hoher Qualität in Bio- und Naturkost-Läden sowie im spezialisierten Fachhandel.

Kakaonibs

Getrocknete Samen aus der Kakaobohne. Reich an Antioxidantien und Magnesium. Ich nehme sie gerne als vollwertigen Ersatz für Chocolate Chips, weil sie Gerichte so schön knusprig machen. In Bio- und Naturkost-Läden sowie online findet man Fair-Trade-Produkte.

Kelp-Nudeln

Aus Seetang, Natrium und Wasser hergestellt, sind diese Nudeln gluten- und getreidefrei. Sie sind nährstoffreich und können sowohl roh als auch in Wasser eingeweicht verzehrt werden, was sie etwas weicher macht. Erhältlich in Bio- und Naturkost-Läden sowie online und im spezialisierten Fachhandel.

Kichererbsenmehl

Auch unter dem Namen Besan bekannt. Wird aus gemahlenen Kichererbsen hergestellt. Eine vielseitige Zutat für Pizzaböden, Kekse, Kuchen oder Schnitten. Reich an Ballaststoffen, Eiweiß, Vitamin B und Kalium. Erhältlich in den meisten Bio- und Naturkost-Läden sowie online und in einigen Supermärkten.

Kimchi

Traditionell ein Hauptwürzmittel der koreanischen Küche. Aus fermentiertem Chinakohl, Radieschen, Chili, Ingwer, Knoblauch, Zwiebeln und Salz hergestellt. Das Ergebnis ist äußerst geschmacksintensiv. Kimchi enthält Bakterien, die sich positiv auf die Darmflora auswirken. Ich achte darauf, Kimchi zu verwenden, das keine Sardellen enthält. Erhältlich in den meisten Bio- und Naturkost-Läden sowie im spezialisierten Fachhandel und online. Oder ihr macht eine große Portion selbst.

Kokos-Aminos-Würzsauce

Die fermentierte Flüssigkeit wird hergestellt aus dem Blütensaft der Kokospalme. Sie hat einen süßen, salzigen, scharfen Geschmack. Häufig verwendet als natriumarmer Ersatz für Sojasauce oder Tamari. Ich verwende sie außerdem an Stelle von Essig und Öl und als Geschmacksverstärker in vielen meiner Rezepte hier im Buch. Erhältlich im Internet sowie im spezialisierten Fachhandel. Alternativ kann man eine Mischung aus gleichen Teilen Tamari, Ahornsirup und Apfelessig verwenden.

Kokosjoghurt

Aus Kokosmilch und Joghurt-Ferment hergestellt. Reich an gesunden Bakterien. Ein cremiger, veganer Ersatz für Joghurt und Sahne aus Kuhmilch. Auf meinem „Natural-Harry"-Blog findet man dazu ein einfaches Rezept. Wenn man ihn selber macht, kann man Geld und Verpackungsmüll sparen. In Bio-Qualität erhältlich in den meisten Bio- und Naturkost-Läden.

Kombucha

Ein leicht sprudelnder Tee. Er wird mit Tee, Zucker, Kombucha-Pilz und Hefe fermentiert, wodurch der Zucker abgebaut wird. Spuren davon können allerdings bleiben. Das Ergebnis ist ein leicht saurer, leicht süßer, leicht sprudelnder Tee, den man normalerweise gekühlt trinkt. Ein traditionelles Getränk, das in den letzten Jahren wieder zunehmend beliebter geworden ist. Man kann ihn selber machen oder in Bio- und Naturkost-Läden kaufen.

Medjool-Datteln

Sie sind reich an Ballaststoffen und außerdem äußerst süß. Sie enthalten Magnesium, Kupfer, Kalium und Mangan. Medjool-Datteln sind ein toller, vollwertiger Zuckerersatz und funktionieren wunderbar in Desserts, wo sie die Zutaten verbinden. Medjool-Datteln sind in Supermärkten sowie in Bio- und Naturkost-Läden erhältlich.

Miso

Ein traditionelles japanisches Würzmittel, das durch die Fermentierung von Reis, Soja, Bohnen, Salz und Koji gewonnen wird. Reich an Eiweiß, probiotischen Bakterien, Vitaminen und Mineralstoffen. Das traditionelle, nicht-pasteurisierte Miso hat einen süß-salzigen Geschmack. Zum Glück gibt es inzwischen auch hochwertige Produkte aus frischen Bio-Zutaten. Diese sind in einigen Bio- oder Naturkost-Läden erhältlich.

Nährhefe

Manchmal auch Hefeflocken genannt. Eine inaktivierte Hefe, die auf Melasse kultiviert wird. Sie wird anschließend gewaschen und durch Hitze inaktiviert. Nährhefe verwende ich, um Gerichten einen leckeren Käse-Geschmack zu geben. Sie ist reich an Vitamin B12, Folsäure, Selen, Zink und Eiweiß. Man findet sie in Bio- und Naturkost-Läden sowie im spezialisierten Fachhandel und online.

Nori

Eine essbare Alge, die aufgehängt getrocknet wird. Vorwiegend als Umhüllung für Sushi verwendet. Nori ist reich an Vitaminen und Mineralstoffen wie Jod. Am besten verwendet man Bio-Qualität. Blätter aus getrocknetem Bio-Nori findet man in Bio- oder Naturkost-Läden.

Pflanzlicher Milchersatz

Man kann aus einigen Nüssen, Samen und Getreidesorten Milch herstellen, so zum Beispiel aus Kokosnuss, Mandel, Cashew, Reis und Hafer. Man kann sie relativ leicht zu Hause zubereiten, aber heutzutage ist eine große Auswahl in Bio- und Naturkost-Läden sowie in den meisten Supermärkten zu finden.

Rohkakaopulver

Das rohe Kakaopulver ist reich an Antioxidantien. In Desserts, Saucen und Smoothies erzielt man damit einen intensiven Schokoladen-Geschmack. In Bio- und Naturkost-Läden sowie online findet man Fair-Trade-Produkte.

Sauerkraut

Ein typisch deutsches Lebensmittel, das durch die Fermentierung von Weißkraut und Salz hergestellt wird. Sauerkraut ist geschmacksintensiv, salzig, lange haltbar und von Natur aus probiotisch. In meinem letzten Buch sind zwei Sauerkraut-Rezepte enthalten, es ist sehr einfach selbst zu machen und ist außerdem überall problemlos erhältlich.

Schwarze-Bohnen-Spaghetti

Eine großartige Alternative zu herkömmlichen Nudelwaren aus Weizen. Sie sind glutenfrei, werden aus ganz wenigen Zutaten hergestellt und sind außerdem zart und reich an Eiweiß. Einige Bio-Marken führen Schwarze-Bohnen-Spaghetti im Sortiment. Zu finden vor allem in Bio- oder Naturkost-Läden sowie online.

Tahini

Eine Paste, die aus gemahlenen Sesamsamen gewonnen wird. Tahini aus geschältem Sesam ist glatt und cremig mit einem deutlich nussigen Geschmack. In diesen Rezepten habe ich immer Tahini aus geschältem Sesam verwendet, weil es milder ist. Erhältlich ist Tahini aus geschältem, ungeschältem und schwarzem Sesam in den meisten Bio- und Naturkost-Läden sowie in Supermärkten.

Tamari

Ist ein glutenfreies Nebenprodukt bei der Fermentierung von Sojabohnen. Traditionell entsteht es bei der Produktion von Miso. Es hat einen hohen Natriumgehalt und ist äußerst geschmacksintensiv, so dass man nur kleine Mengen davon benötigt. Man sollte beim Kauf darauf achten, dass es keine Zusatzstoffe enthält. Erhältlich in vielen Bio- und Naturkost-Läden sowie im spezialisierten Fachhandel.

Tempeh

Ist ein fermentiertes Sojaprodukt. Durch die kontrollierte Fermentation haften die Sojabohnen aneinander. Tempeh ist ein großartiger Eiweißlieferant und schmeckt köstlich gegrillt, in Sandwiches, Salaten, Wraps, Currys und zu Pfannengemüse. Wie bei allen Sojaprodukten ist es wichtig, auf hohe Qualität zu achten. Erhältlich in den meisten Bio- und Naturkost-Läden.

Tofu

Auch bekannt als Bohnenquark, ist in verschiedenen Ausprägungen erhältlich: als Seidentofu, als fester, sehr fester und geräucherter Tofu. Biologischer, nicht genetisch veränderter Tofu ist reich an Aminosäuren, Eisen und Kalzium. Tofu von hoher Qualität findet man in vielen Bio- und Naturkost-Läden sowie im spezialisierten Fachhandel.

Vanillepulver

Wird hergestellt durch das Mahlen von getrockneten Vanilleschoten. Man sollte auf der Packung kontrollieren, dass kein Zucker zugesetzt ist, wie es manchmal zum Backen der Fall sein kann. Die Vanilleschote sollte die einzige Zutat sein. Bio-Vanillepulver findet man in Bio- und Naturkost-Läden sowie online.

Violette Süßkartoffel

Auch als Okinawan Sweet Potatoe bekannt, da sie auf der japanischen Insel Okinawan beliebt und weit verbreitet ist. Sie hat ein helles Äußeres und ist innen violett. Dabei ist sie äußerst reich an vielen Nährstoffen wie zum Beispiel an Ballaststoffen. Außerdem verleiht sie jedem Gericht eine tolle Farbe. Man findet sie im spezialisierten Fachhandel und in einigen Bio-Läden sowie online.

Wakame

Eine essbare Alge. Ich verwende sie gerne für Suppen und Salate. Wie andere Pflanzen aus dem Meer ist auch diese äußerst nährstoffreich und außerdem ein sehr guter Jod-Lieferant. Man findet getrocknete Bio-Wakame in Bio- und Naturkost-Läden sowie online.

MILK

INDEX

DANKSAGUNG

Mein erster, größter, wärmster, tief empfundener Dank geht an Nikole Ramsay, die die wundervollen Fotografien zu diesem Buch gemacht hat. Ich begegnete Nikole zum ersten Mal, als ich eine vegane Hochzeitstorte für einen Artikel kreierte, für den sie fotografierte. Als ich sie an diesem Tag bei ihrer Arbeit beobachtete, überzeugte sie mich durch ihre Professionalität und die schönsten Bilder, die ich je gesehen hatte. Als ich an meinem ersten Kochbuch arbeitete, war ich auf der Suche nach einem Fotografen, der das Konzept von „Natural Harry" wirklich verstand. Mit Nikole, die in Barwon Heads lebt, habe ich genau die Richtige gefunden. Ihre Fotografien waren ein wesentlicher Bestandteil meines letzten Buches, so dass es nur logisch war, dass sie in diesem Buch einen noch größeren Part übernehmen würde. Nik hat mit mir an vielen verschiedenen Aspekten dieses Buches gearbeitet. Dazu gehörte auch, dass sie mit Begeisterung als Testesserin fungierte. Nik, deine leuchtenden, sonnigen, perfekt austarierten Fotos sind ein Spiegel deiner Seele und es ist immer ein Privileg, mit dir zu arbeiten!

Frase, meine bessere Hälfte, wie man so sagt. Was für ein unglaublich geerdeter, kluger, freundlicher, hart arbeitender, erfindungsreicher, unterhaltsamer und kreativer Mann! Danke für all die Abenteuer, die wir bis jetzt gemeinsam erlebt haben. Du hast mich zu diesem Buch inspiriert. Danke, dass du meine verrückten Träume teilst und für alles offen bist. Danke, dass du immer mein erster Testesser bist. Du bist einfach der Größte!

Ich möchte es nicht versäumen, meiner lieben Familie und meinen Freunden zu danken. Mit den Namen der Menschen, die mir so viel bedeuten, könnte ich ein weiteres Buch füllen. Ich schätze mich glücklich, dass ich euch alle habe. Ihr habt - wenn auch vielleicht nicht wissentlich - alle euren Teil zu diesem Buch beigetragen. Gemeinsame Unternehmungen, Gespräche, Mahlzeiten und Nachrichten haben mich inspiriert.

Amanda danke ich dafür, dass sie die beste Testesserin der Welt ist. Du bist wahrhaft einzigartig und steckst voller cleverer Ideen. Jessie, danke, dass du mir stundenlang zugehört und Ordnung in meine manchmal etwas wirren Worte gebracht hast. Deine Geduld und Ruhe waren genau das, was ich kurz vor Schluss brauchte. Jessie, Clarey, Soph und Sammy - meine Surf-Freundinnen - ich danke euch für all den Spaß, den wir beim Surfen hatten, und für eure Anregungen zu meinen Rezepten.

Caroline Adams danke ich für ihre jahrelange Erfahrung und ihre Großzügigkeit, mit der sie mich bei diesem und meinem letzten Buch begleitet hat. Danke auch an Penny Corder und Tim Dowling für eure Hilfe!

An alle meine „Foto-Assistentinnen", die mir ihre kostbare Zeit geschenkt und mit mir an den stressigen Foto-Shooting-Tagen so viel gelacht haben. Alice, meine wunderbare „Blumen-Freundin", und ihre kleine Helferin Peggy, die mit den Requisiten gezaubert haben und mir eine Stütze waren, wenn ich das Gefühl hatte, nur mit acht weiteren Armen wäre das Ganze zu schaffen. Jade danke ich dafür, dass sie immer den Zeitplan im Auge behielt. Ihre Kenntnisse der Videographie waren äußerst hilfreich. Danke an Katie, die hübsche Blondine, die immer wieder im Buch zu sehen ist. Sie gehörte zum Smoothie-Team damals in unserem kleinen Straßenimbiss und wurde zu einer engen Freundin. Jarryd, du bist unübertroffen beim Picknicken und Chillen, bist liebenswürdig und eine echte Legende! Abbey, ich habe mich so gefreut, dich kennenzulernen. Wir sprechen dieselbe Sprache und ich freue mich darauf, in Zukunft neue Projekte gemeinsam mit dir zu entwickeln.

Danke an die ganze große „Natural-Harry"-Familie! An alle, mit denen ich über Social Media und E-Mail zu tun hatte, an alle Buchhändler und Geschäftspartner. Danke für eure fortwährende Unterstützung, guten Wünsche, Kommentare und Anregungen. Es ist unglaublich, wie viele tolle Menschen ich durch „Natural Harry" kennengelernt habe. Wir alle sehnen uns nach Verbindung und Gemeinschaft in unserem Leben und ich bin sehr dankbar für alles, was ich habe.

Zum Schluss möchte ich euch, meinen Lesern, danken! Ein zweites Kochbuch zu gestalten war ein großer Traum von Nikole und mir. Ich danke für den Vertrauensvorschuss, dass ihr ein Buch gekauft, vielleicht an jemanden verschenkt und damit meine Botschaft weitergetragen habt.

X Harry